KÖNIGS ERLÄUTERUNGEN

Band 108

Textanalyse und Interpretation zu

George Orwell

1984

NINETEEN EIGHTY-FOUR

Maria-Felicitas Herforth

Alle erforderlichen Infos für Abitur, Matura, Klausur und Referat
plus Musteraufgaben mit Lösungsansätzen

Bange Verlag

Zitierte Ausgabe:
Orwell, George: *1984*. London: Penguin Books, 2008.

Über die Autorin dieser Erläuterung:
Maria-Felicitas Herforth, geboren 1980, Studium der Anglistik und Germanistik an der Ruhr-Universität Bochum (1999–2005), Studienaufenthalt in Großbritannien (2001–2002), 2005 – 2006 Doktorandin und wissenschaftliche Hilfskraft im Englischen Seminar der Ruhr-Universität Bochum, seit 2009 Studienrätin mit den Fächern Englisch und Deutsch, Autorin von Königs Erläuterungen.

2. Auflage 2014
ISBN: 978-3-8044-1935-3
PDF: 978-3-8044-5935-9, EPUB: 978-3-8044-6935-8

Titelbild: John Hurt und Richard Burton im Film Nineteen Eighty-Four, GB 1984 © Cinetext
Druck und Weiterverarbeitung: Tiskárna Akcent, Vimperk

1. DAS WICHTIGSTE AUF EINEN BLICK – SCHNELLÜBERSICHT

Damit sich jeder Leser in unserem Band rasch zurechtfindet und das für ihn Interessante gleich entdeckt, hier eine Übersicht.

Im 2. Kapitel beschreiben wir das **Leben von George Orwell** und stellen den **zeit- und wissenschaftsgeschichtlichen Hintergrund** dar:

⇨ S. 9

→ George Orwell wurde am **25. Juni 1903** als Eric Arthur Blair in Motihari/Bengalen, Indien geboren. Er wuchs in Großbritannien auf und verbrachte die meiste Zeit seines Lebens dort als Schriftsteller. Orwell **starb 1950**, kurz nach dem Erscheinen von *1984*.

⇨ S. 14 ff.

→ Die Geschichte in der ersten Hälfte des 20. Jahrhunderts prägte George Orwell und sein schriftstellerisches Werk: die **faschistischen Diktaturen** unter Mussolini, Stalin und Hitler. Ebenso der Spanische Bürgerkrieg, in dem Orwell selbst mitkämpfte, und der Kalte Krieg zwischen den West- und Oststaaten.

Im 3. Kapitel bieten wir eine **Textanalyse und -interpretation**.

1984 – Entstehung und Quellen:

⇨ S. 23 ff.

→ Um 1940: Idee zu einem utopischen Roman.
→ 1943/44 fertigte Orwell erste Entwürfe an.
→ 1948, schwer erkrankt, schrieb Orwell *1984* fertig.
→ Im Juni 1949 erschien *Nineteen Eighty-Four* bei Secker & Warburg in London als letztes Werk von Orwell.

Inhalt und Aufbau:

1984 ist als Dystopie mit satirische Elemente in **drei Hauptteile** unterteilt. In **Part I** werden die gesellschaftlichen Verhältnisse im totalitären Oceania nach dem Atomkrieg gezeigt: England wird von der autoritären Ingsoc-Partei mit ihrem allmächtigen Führer Big Brother beherrscht. Die Partei überwacht alle Bereiche der Menschen. Die Hauptfigur Winston Smith beginnt heimlich ein Tagebuch und begeht dadurch bewusst *thoughtcrime*, da im Staat persönliche Gefühle und Gedanken untersagt sind. In O'Brien glaubt Winston einen Gedanken-Verbündeten gefunden zu haben. **Part II** stellt die Liebesgeschichte zwischen Winston und Julia als Verschwörung gegen das System in den Mittelpunkt. Dieser Teil endet abrupt mit der Verhaftung der beiden. In **Part III** erfolgt die Umerziehung von Winston unter dem „Folterknecht" O'Brien, der sich als Mitglied der *Thought Police* entpuppt. In *Room 101* erfährt Winston seinen individuellen Horror und seine komplette Zerstörung. Er wird, ebenso wie Julia, systemkonform entlassen und erwartet seine *Vaporisierung*.

⇨ S. 29 ff.

Personen:

Die **Hauptpersonen** sind

Winston Smith:

⇨ S. 75 ff.

→ 39 Jahre, Mitglied der Outer Party im Ministry of Truth
→ gesellschaftlich isoliert, beginnt verbotenerweise ein Tagebuch
→ wird verhaftet, von O'Brien umerzogen und gebrochen

Julia:

⇨ S. 79 f.

→ leidenschaftlich, emotional, will ihr Leben genießen
→ hat verbotene sexuelle Liebesbeziehung zu Winston
→ wird verhaftet und umerzogen

➪ S. 80 ff.

O'Brien:

→ **Gegenspieler** von Winston
→ zuerst vermeintlicher Gedankenverbündeter
→ später Winstons Folterknecht

➪ S. 83 f.

Nebenfiguren

wie Parsons, Syme oder Mr Charrington verdeutlichen die **Auswirkungen der totalitären Überwachungsmaschinerie** auf Individuum, Gesellschaft und Familie.

Stil und Sprache:

➪ S. 93 ff.

1984 wird aus der Sicht des Protagonisten Winston Smith erzählt, daher ist eine **personale Erzählstruktur** (free direct style, interior monologue, stream of consciousness) vorherrschend. Eines der Hauptthemen des Romans ist die **Sprache und die Zerstörung** der Sprache (*doublethink*, *Newspeak*). **Leitmotive und Symbole** werden entsprechend eingesetzt.

Interpretationsansätze:

➪ S. 104 ff.

Interpretationen des Romans zielen vor allem auf die Deutung der **gesellschaftskritischen Gegenwartsbezüge.** Wir beleuchten:

→ Ein totalitäres Staatssystem und seine historischen Bezüge
→ Marx und die Machtpolitik der Ingsoc-Partei
→ Religiöse Deutungsmöglichkeiten
→ Die doublethink-Struktur

2. GEORGE ORWELL: LEBEN UND WERK

2.1 Biografie

George Orwell
1903–1950
© akg-images

JAHR	ORT	EREIGNIS	ALTER
1903	Motihari, Bengalen	**Geburt Eric Arthur Blairs** am 25. Juni als zweites Kind von Richard Walmesley Blair (1857–1939) und Ida Mabel Blair (1875–1943). Der Vater arbeitet als Kolonialbeamter im Opium-Department des **Indian Civil Service**, das den legalen Opiumhandel mit China kontrolliert. Die Mutter entstammt einer anglo-französischen Teakholzhändlerfamilie.	
1904	Henley-on-Thames in Oxfordshire, England	Rückkehr der Mutter mit den beiden Kindern Marjorie und Eric nach England. Die Familie erwirbt ein Haus in Henley-on-Thames, Oxfordshire.	1
1908–1911	Henley-on-Thames	Besuch einer anglikanischen Klosterschule in Henley.	5–8
1911–1916	Eastbourne, Sussex	Besuch des privaten Internats St. Cyprian's zur Vorbereitung auf eine exklusive Public School.	8–13
1912	Shiplake, Oxfordshire	Richard Blair kehrt aus dem Kolonialdienst als Pensionär zu seiner Familie nach England zurück. Die Familie bezieht ein Haus in Shiplake.	9
1914		Am 4. August Kriegserklärung Englands an Deutschland. Eric Blairs patriotisches Gedicht ***Awake! Young Men of England*** wird in der Lokalzeitung *Henley and South Oxfordshire Standard* publiziert.	11
1915	Henley-on-Thames	Rückkehr der Familie nach Henley.	12

JAHR	ORT	EREIGNIS	ALTER
1917–1921	Eton	Eric Blair ist *King's Scholar* in der Traditionsschule Eton. Zu den Schulkameraden zählt u. a. Anthony Powell. Der Schriftsteller Aldous Huxley unterrichtet Französisch. Mitarbeit an verschiedenen Schülermagazinen.	14–18
1921	Southwold, Suffolk	Umzug der Familie nach Southwold. Abschluss des Schulbesuchs in Eton.	18
1922–1927	Burma	Eric Blair dient der **Indian Imperial Police** in Burma an sechs verschiedenen Orten.	19–24
1927	Cornwall; Notting Hill, London	Eric Blair **quittiert seinen Kolonialdienst**. Später gibt er als Motive seine Abscheu vor dem imperialistischen System, seinen Wunsch Schriftsteller zu werden und seinen schlechten Gesundheitszustand an. Erste Expedition zu den Tramps ins Londoner East End; Umzug nach Notting Hill, London.	24
1928–1929	Paris	Aufenthalt in Paris als Englischlehrer und Journalist, zuletzt als Tellerwäscher.	25–26
1930–1931	Southwold	Rückkehr zu den Eltern nach Southwold; häufige Expeditionen ins East End und zu den Hopfenpflückern in Kent. Verfasst Artikel für das Magazin *Adelphi* und beendet die erste Fassung von *Down and Out in Paris and London*.	27–28
1932–1933		Unterrichtet an einer Privatschule in Hayes, Middlesex.	29–30
1933		*Down and Out in Paris and London* erscheint bei Victor Gollancz unter dem **Pseudonym George Orwell**.	30
1934–1936		Teilzeitangestellter in einem Londoner Buchladen.	31–33

JAHR	ORT	EREIGNIS	ALTER
1934		*Burmese Days* wird in den USA bei Harper & Brothers publiziert.	31
1935		*A Clergyman's Daughter*, ebenso *Burmese Days* erscheinen in England.	32
1936	Wallington, Hertfordshire	Am 9. Juni Heirat mit Eileen O'Shaughnessy. *Keep the Aspidistra Flying* erscheint bei Victor Gollancz. 17./18. Juli: Beginn des Spanischen Bürgerkriegs.	33
1937	Barcelona, England	Sechsmonatiger Aufenthalt in Spanien; kämpft auf republikanischer Seite in der Einheit der **P.O.U.M**, einer Partei, die mit der englischen **Independent Labour Party** in engem Kontakt steht. Am 20. Mai Halsdurchschuss, am 23. Juni Ausreise aus Spanien. *The Road to Wigan Pier* erscheint bei Victor Gollancz.	34
1938	Aylesford, Kent	Einlieferung wegen Tuberkulose in das Sanatorium Preston Hall. *Homage to Catalonia* erscheint bei Secker & Warburg. Eintritt in die **Independent Labour Party**.	35
1938–1939	Marrakesch	Siebenmonatiger Aufenthalt in Marrakesch. Niederschrift des Romans *Coming up for Air*.	35–36
1939	Wellington, England	*Coming up for Air* erscheint bei Victor Gollancz. Arbeit an zahlreichen Essays und Artikeln.	36
1940	Regent's Park, London	*Inside the Whale* erscheint bei Gollancz. Eintritt in die **Home Guard**, eine Art Volksmiliz.	37
1941		*The Lion and the Unicorn* erscheint bei Secker & Warburg. Der Sammelband *The Betrayal of the Left* des Verlags Gollancz enthält Orwells Beiträge *Fascism and Democracy* und *Patriots and Revolution*.	38

JAHR	ORT	EREIGNIS	ALTER
1941–1943		Arbeit bei der BBC (British Broadcast Corporation) in der Abteilung für Südostasien. Über 200 Newsletters sowie andere Produktionen.	38–40
1943		Kündigung bei der BBC. Übernahme des Postens als Literaturredakteur bei der Wochenzeitung *Tribune*, für die er regelmäßig die Kolumne *As I Please* sowie zahlreiche Buchbesprechungen und Pamphlete veröffentlicht. Beginn der Niederschrift von *Animal Farm*.	40
1944	Canonbury Square, London	Adoption des Sohnes Richard Horatio, geboren am 14. Mai.	41
1945		Kündigung des Postens bei der *Tribune*. Tätigkeit als Kriegsberichterstatter für den *Observer* und die *Manchester Evening News*. Am 29. März stirbt seine Frau Eileen Blair an den Folgen einer Narkose während einer Operation. ***Animal Farm*** erscheint bei Secker & Warburg. Erste Reise Orwells auf die Insel Jura, Schottland.	42
1946	Barnhill, Jura	*Critical Essays* erscheinen bei Secker & Warburg. Umzug für den Sommer nach Barnhill. Entwurf einer frühen Fassung von **Goldstein's Book** für den Roman *Nineteen Eighty-Four*.	43
1947–1948	Glasgow, Barnhill	Die erste Fassung von ***Nineteen Eighty-Four*** wird abgeschlossen. Orwells Gesundheitszustand verschlechtert sich, Befund: Tuberkulosebefall der linken Lunge. Achtmonatiger Aufenthalt im Hairmyres Hospital bei Glasgow.	44–45

JAHR	ORT	EREIGNIS	ALTER
1949	Cranham, Gloucestershire, London	Orwell wird schwer krank in die Tuberkuloseheilanstalt Cotswold Sanatorium in Cranham eingeliefert. ***Nineteen Eighty-Four*** **erscheint bei Secker & Warburg in London** und bei Harcourt Brace in New York. Einlieferung ins University College Hospital in London. Heirat im Krankenbett mit der Redaktionsassistentin Sonia Brownell.	46
1950	London	**Tod Orwells** am 21. Januar.[1]	46

1 Vgl. Orwell, Sonia, Angus, Ian (Hg.): *The Collected Essays, Journalism and Letters of George Orwell. Volume I, An Age Like This, 1920–1940. Volume II, My Country Right or Left, 1940–1943. Volume III, As I Please, 1943–1945. Volume IV, In Front of Your Nose, 1945–1950*. London: Secker & Warburg, 1968. [Im Folgenden wird diese vierbändige Sammlung als *CEJL I–IV* abgekürzt.]
Schröder, Hans-Christoph: *George Orwell. Eine intellektuelle Biografie*. München: C.H. Beck, 1988.
Howald; Stefan: *George Orwell*. Reinbek: Rowohlt, 1997.

2.2 Zeitgeschichtlicher Hintergrund

ZUSAMMEN-FASSUNG

Totalitäre Systeme gehören zu dem unmittelbaren Erfahrungshorizont von Eric Blair, der als Künstler den Namen George Orwell benutzte. In der ersten Hälfte des 20. Jahrhunderts gab es die faschistischen Diktaturen unter Mussolini, Stalin und Hitler mit allen ihren grausamen Folgen für Mensch und Gesellschaft. Der Spanische Bürgerkrieg unter Franco, die Bündnisse und Kriege gegen die Diktatoren, der Abwurf der ersten Atombomben sowie der Kalte Krieg. Dieser geschichtliche Hintergrund ist eine Art historischer Impuls für das Verfassen von Orwells Werke in den 1940er Jahren.

Totalitäre Tendenzen in Europa

Orwells Roman *Nineteen Eighty-Four* entstand in den Jahren 1943 bis 1948. Mit politisch-kritischem Blick auf die Welt um ihn herum nimmt sich George Orwell die in dieser ersten Hälfte des 20. Jahrhunderts aufbrechenden totalitären Tendenzen in Europa zum Gegenstand für seine Warnutopie. Dabei setzt er bewusst Anspielungen – dem Typus der Dystopie entsprechend – auf Figuren oder gesellschaftliche und politische Strömungen und Phänomene dieser Zeit und treibt sie auf die Spitze.

Zahlreiche historische Figuren und Ereignisse dienten Orwell hier als Hintergrund, von denen in der folgenden Übersicht die bedeutendsten aufgeführt sind. Die Übernahme der Macht durch die Bolschewisten in Russland, Mussolinis faschistisches Regime in Italien oder das Führerprinzip der NSDAP nach Hitlers Machtergreifung in Deutschland (vgl. Slogan „BIG BROTHER is watching you“). Auch die verschiedenen, von entgegengesetzten Ideologien gekennzeichneten Kriege (wie der Spanische Bürgerkrieg unter

Franco oder auch der Kalte Krieg), bilden als wesentliche zeitgeschichtliche Ereignisse den Hintergrund des Romans *1984*. Dieses Phänomen der totalitären Diktaturen und ihrer essentiellen Elemente und Funktionsweisen hat Orwell als einer der ersten Literaten[2] in einem Roman präsentiert.

ZEIT	BEZEICHNUNG	EREIGNIS
25./26. Oktober 1917	**Oktoberrevolution**	Übernahme der Macht im zaristischen Russland durch die **Bolschewiki** (Marxisten/Leninisten). Der Zar wurde durch das Militär gestürzt. Totalitäre Erscheinungen in der 1. Hälfte des 20. Jahrhunderts.
1922	**Machtübernahme Mussolinis**	Benito **Mussolini** (1823–1945) gründete 1919 den **faschistischen Kampfbund** und übernahm 1922 die Macht in Italien. Mussolini gebärdete sich wie später Stalin und Hitler als Diktator und entledigte sich der Kritiker, indem er sie töten ließ. Verbündeter Hitlers.
22. Januar 1924	**J. Ramsay MacDonald (Labour) wird britischer Premierminister**	Mit J. Ramsay MacDonald als britischem Premierminister (1924, 1929–1931) bekam die **Labour Party** Führungsgewalt. Traditionelle Prinzipien der **Labour** Partei – Demokratie, Gleichheit (**egalitarianism**) und kollektives Entscheiden – gerieten durch das mit dem Amt des Premierministers verbundene enorme Prestige in die Diskussion.

2 Vgl. u. a. Huxley mit seinem Roman *Brave New World*, 1932.

ZEIT	BEZEICHNUNG	EREIGNIS
24. Oktober 1929	**Weltwirtschaftskrise**	Ausgelöst durch einen Kurssturz an der New Yorker Börse am 24. 10. 1929. Ursachen waren Störungen im natürlichen Ausgleich als Folge des 1. Weltkrieges. Die ganze Welt wurde in Mitleidenschaft gezogen, da die USA nicht mehr in der Lage waren, Kredite zu zahlen.
30. Januar 1933	**Machtergreifung NSDAP**	**Hitler** wurde Reichskanzler. Das totalitäre Moment im **NS-Staat** war die Unterordnung allen wirtschaftlichen, kulturellen und gesellschaftlichen Lebens unter das **Führerprinzip**: Entscheidungen wurden nicht durch einen Mehrheitsentscheid getroffen, sondern von einer Person, dem **Führer**. Unter dem **Führer** Hitler gab es verschiedenste **Unterführer**. Dieses Prinzip war in allen Bereichen des NS-Staates zu finden (z. B. in der **Rassenlehre**: „Der **Untermensch** diente dem **Herrenmenschen**").
1936–1939	**Moskauer Schauprozesse (1936–1939)**	**Stalin** (1879–1955) schloss sich 1903 den **Bolschewiki** an und machte ab 1917 eine steile Karriere in der KPDSU, deren Vorsitz er als Generalsekretär 1922 übernahm. Nach Lenins Tod im Jahre 1924 begann Stalin, sich selbst als uneingeschränkte Autorität zu stilisieren und seine Machtposition zu stärken. Den Höhepunkt seiner Macht erreichte er im 2. Weltkrieg, als er sowohl politisch als auch militärisch ein absoluter Alleinherrscher war. Dies nennt man auch **Stalinismus**: Auf den Befehl eines Einzelnen wurden Gegner sowohl politisch

ZEIT	BEZEICHNUNG	EREIGNIS
		als auch physisch ausgeschaltet, ähnlich dem **Führerprinzip** im NS-Deutschland. Ein Mittel zum Erreichen seiner Macht waren die so genannten **Moskauer Schauprozesse**, die von 1936–1938 stattfanden. Unter fadenscheinigen Vorwänden (z. B. Verrat am Kommunismus) wurden Kritiker Stalins, wie z. B. Trotzki, vor ein Tribunal gestellt und in den meisten Fällen hingerichtet.
Juli 1936 – April 1939	**Spanischer Bürgerkrieg**	General **Franco** und ihm ergebene Truppen rebellierten gegen die republikanische Regierung, die sich vor allem auf sozialistische Gruppen wie die **P.O.U.M** (Partido Obrero de la Unificatión Marxista) stützte. Der Spanische Bürgerkrieg entwickelte sich zum **Stellvertreterkrieg zweier absolutistischer Mächte und Ideologien**. Franco wurde insbesondere vom deutschen Reich und vom faschistischen Italien passiv, aber auch aktiv (Einsatz der deutschen Luftwaffenlegion **Condor**) unterstützt. Auf Seiten der spanischen Regierung kämpften die **Internationalen Brigaden**, Freiwilligenverbände von Sozialisten, Kommunisten und Anarchisten aus ganz Europa. Von außen erfuhr die spanische Regierung Militärhilfe von der UdSSR. Im Inneren Spaniens unterstützten Traditionalisten aller Art (z. B. klerikale) und **Falangisten** (spanische faschistoide Bewegung) General Franco, der schließlich zum Diktator wurde.

ZEIT	BEZEICHNUNG	EREIGNIS
23. August 1939	**Hitler-Stalin-Pakt**	Nichtangriffsvertrag zwischen NS-Deutschland und der UdSSR. Dieser kam für die anderen Mächte überraschend, galten diese Systeme doch als Feinde. In einem geheimen Zusatzprotokoll wurde die Kooperation zwischen den beiden Staaten bei der Einnahme Polens vereinbart.
10. Mai 1940	**Winston Churchill (Conservative) wird britischer Premierminister**	Winston Churchill war als britischer Premierminister von 1940–1945 einer der Führer der Alliierten während des Zweiten Weltkrieges. Nach der Wahlniederlage der **Conservatives** im Jahre 1945 war er Oppositionsführer, bis er 1951–1955 erneut Premierminister wurde.
bis Ende 1941	**Luftkrieg über London**	Als Luftkrieg über London bezeichnet man den Versuch der deutschen Luftwaffe, die Lufthoheit über England zu erlangen, um die Bedrohung deutscher Invasionstruppen durch die **Royal Air Force** zu vermeiden. Diese massiven deutschen Luftoperationen im englischen Luftraum fanden bis Ende 1941 statt. London wurde zuletzt 1944 Ziel deutscher Luftangriffe.
28. November bis 1. Dezember 1943	**Konferenz von Teheran**	**Churchill** (UK), **Stalin** (UdSSR) und **Roosevelt** (USA) berieten über militärische Zusammenarbeit und Friedensbedingungen für Deutschland.
17. Juli bis 2. August 1945	**Potsdamer Konferenz**	**Dreimächtekonferenz**: Truman (USA), Stalin (UdSSR) und Churchill/Attlee (UK) berieten und entschieden über die Nachkriegsbehandlung Deutschlands.

ZEIT	BEZEICHNUNG	EREIGNIS
26. Juli 1945	**Clement Attlee (Labour) wird britischer Premierminister**	Als Labour-Premierminister der Nachkriegsjahre (1945–1951) sicherte Attlee den **post-war political consensus** (u. a. Koexistenz von privater und (extensiv) staatlicher Wirtschaft, Nationalisierung sozialer Dienste – **National Health Service, Welfare State**). Der korporative Sozialismus und seine Auswirkungen auf die Ideologie der **Labour** Partei führte zu Kritik auf Seiten intellektueller Parteiglieder.
6. und 9. August 1945	**Abwurf der ersten Atombomben – Kalter Krieg**	Die erste Atombombe wurde von den USA am 6. 8. 1945 über der japanischen Hafenstadt **Hiroshima** abgeworfen und zerstörte diese zu 60 %. Am 9. 8. 1945 fiel die zweite Atombombe auf **Nagasaki**, Japan. Als Begründung gaben die USA an, dass man den Krieg schnellstmöglich beenden und weitere eigene Opfer verhindern wollte. Außerdem sollte der Kampfeswille der japanischen Bevölkerung gebrochen werden. **Inoffiziell demonstrierte man aber der UdSSR seine Macht, da sich der Ost-West-Konflikt abzuzeichnen begann. Kalter Krieg** bezeichnet die diplomatische, wirtschaftliche oder propagandistische Kriegsführung ohne direkte militärische Konfrontation. Der **Ost-West-Konflikt** war ein **Konflikt zwischen zwei Ideologien**: Kapitalismus (USA und Westeuropa) vs. Kommunismus (UdSSR und verbündete Ostblockstaaten).

ZEIT	BEZEICHNUNG	EREIGNIS
4. April 1949	**Gründung der Nato – North Atlantic treaty Organisation** (Nordatlantik-Pakt)	Verteidigungsbündnis zwischen USA, UK, Frankreich, Italien, Deutschland, den Beneluxländern, Island, Dänemark, Portugal und der Türkei gegen die kommunistischen Länder, die sich ihrerseits im **Warschauer Pakt** zusammenfassten.

2.3 Angaben und Erläuterungen zu wesentlichen Werken

ZUSAMMEN-FASSUNG

Durch seine persönlichen Erfahrungen an Kriegsschauplätzen stand George Orwell dem Imperialismus kritisch gegenüber. Das drückt sich auch in seinen Werken wie *Burmese Days* (1934) und *The Road to Wigan Pier* (1937) aus. Themen wie die **Wirkungslosigkeit individuellen Handelns** und die daraus resultierende Niederlage des Protagonisten kennzeichnen Orwells schriftstellerisches Bemühen und gipfeln in seinem letzten Werk *1984*.

Das Gesamtwerk von George Orwell zeichnet sich durch politisch und gesellschaftskritisch ambitioniertes Schreiben aus, wobei der Autor u. a. auf seine eigenen **Erfahrungen in Kriegseinsätzen** zu Zeiten des Imperialismus zurückgreift. Um diesen Themenbereich kreisen die Romane *Burmese Days* (1934) und *The Road to Wigan Pier* (1937) sowie zahlreiche kritische Essays, z. B. *A Hanging* (1931) oder *Shooting an Elephant* (1936).

Kritik am Imperialismus

Der Roman *Burmese Days* zeigt am Beispiel der Figur Florys, welche menschlichen Abgründe das **imperialistische System** in sich verbarg, sowie die Abscheu einzelner Akteure vor dem eigenen Verhalten als „Mitstreiter“ in diesem System. In *The Road to Wigan Pier* fokussiert Orwell tatsächliche und teils schockierende Zustände unter der Arbeiterklasse, um den schlechten Zustand der Nation in Bezug auf Massenarbeitslosigkeit und deren sozialen Folgeerscheinungen aufzuzeigen. Ähnlich **kritisch-realistisch** gestaltet sich auch der 1939 veröffentlichte Roman *Coming up for Air*, der u. a. George Bowlings Wahrnehmung des 1. Weltkriegs und die

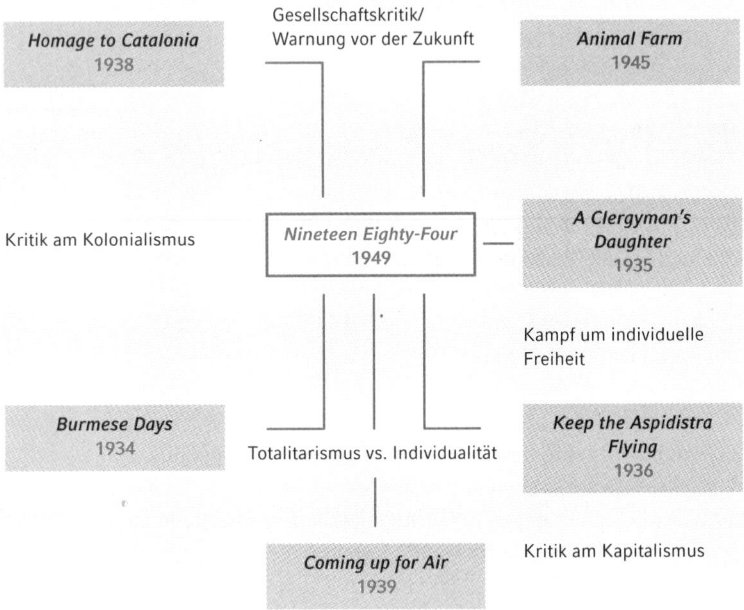

Angst vor einem neuen Krieg zum Gegenstand hat und damit bereits auf *Nineteen Eighty-Four* (1949) vorausweist (vgl. Materialien).

Wirkungslosigkeit individuellen Handelns

Homage to Catalonia (1938) behandelt Orwells eigene Erfahrungen während der Zeit seines militärischen Einsatzes **im Spanischen Bürgerkrieg** und gestaltet – ähnlich wie der satirische Höhepunkt seines Werkes *Animal Farm* (1945) – den naiven Enthusiasmus und die Desillusionierung von Vertretern einst klarer Ideale. Themen wie die **Wirkungslosigkeit individuellen Handelns** und die **Niederlage des Protagonisten nach Versuchen der Auflehnung und des Widerstandes** erfahren in *Nineteen Eighty-Four* eine letzte Steigerung.

3. TEXTANALYSE UND -INTERPRETATION

3.1 Entstehung und Quellen

ZUSAMMEN-FASSUNG

Unter anderen Huxleys *Brave New World* (1932) inspirierte Orwell zu einem utopischen Roman, dessen Idee sich um 1940 schon manifestierte. 1943/44 fertigte Orwell erste Entwürfe an, fertig gestellt wurde das Buch von dem inzwischen schwer kranken Autor im Jahr 1948. Orwell schwankte zwischen den Titeln *1984* oder *The Last Man in Europe*. Im Juni 1949 erschien der Roman unter dem Titel *Nineteen Eighty-Four* bei Secker & Warburg in London als das letzte Werk von Orwell: Im Januar 1950 erlag er seinem Tuberkulose-Leiden.

Idee 1940, 1943 erste Entwürfe

Obwohl George Orwell die Idee zu seinem utopischen Roman *Nineteen Eighty-Four* bereits im Jahre 1940 kam, führen die ersten erhalten gebliebenen Notizen eines **Entwurfs auf das Ende des Jahres 1943** und den Beginn des Jahres 1944 zurück. Bei der Wahl des Titels schwankte der Autor zwischen *Nineteen Eighty-Four* und *The Last Man in Europe*[3]. Eine frühe Fassung von *Goldstein's Book* als Teil des Romans ist auf den Sommer 1946 datiert. Fertig gestellt hat der schwer kranke Autor das Werk in Barnhill auf der Insel Jura im Jahre 1948.

Fertigstellung 1948, Erscheinung 1949

Während der Abfassung des Manuskripts hat sich sein Gesundheitszustand stets verschlechtert[4]. Das fertige Manuskript lag be-

3 Vgl. *CEJL IV*, S. 448.

4 *„My new book is a Utopia in the form of a novel. I ballsed it up rather, partly owing to being so ill while I was writing it (...)"* (Brief an Julian Symons vom 4. Februar 1949. In: CEJL IV, S. 475).

reits 1948 vor. Am 8. Juni 1949 wurde der Roman bei **Secker & Warburg** in London und fünf Tage später bei **Harcourt Brace** in New York veröffentlicht[5]. Den Titel *Nineteen Eighty-Four* wählte letztlich **Orwells Verleger Fred Warburg** aus. Aufgrund seiner schweren Krankheit wurde Orwell von einer Tuberkuloseheilanstalt in das **University College Hospital** in London verlegt, wo er wenig später, im Januar 1950, verstarb.

In seiner **Warnutopie** *Nineteen Eighty-Four* entwirft Orwell eine in drei Großstaaten aufgeteilte Welt nach dem dritten Weltkrieg. England gehört dem utopischen Großstaat **Oceania** an, der von einem totalitären, unangreifbaren Parteiapparat regiert wird. Überwachung, Thought Police, Kulturzerstörung und permanente Kriegsführung dienen als Mittel zur Machterhaltung und zur systematischen Zerstörung von Individualität.

Reale totalitäre Regime

Totalitäre Systeme gehören zum unmittelbaren, realen Erfahrungshorizont des Autors (vgl. Kapitel 2.2), und somit entstammen viele Aspekte des Romans der tatsächlichen und einer gesteigerten, weitergedachten Wirklichkeit. In seinem **Rundfunkgespräch Literature and Totalitarianism** aus dem Jahre 1941 beschreibt Orwell Beobachtungen, die sich auch in *Nineteen Eighty-Four* widerspiegeln:

> „We live in an age in which the autonomous individual is ceasing to exist – or perhaps one ought to say, in which the individual is ceasing to have the illusion of being autonomous. (...) Totalitarianism has abolished freedom of thought to an extend unheard of in any previous age. (...) It not only forbids you to express – even to think – certain thoughts, but it dictates what you shall

5 Vgl. Davison, Peter (Hg.): *Orwell and Politics*. London: Penguin Books Ltd, 2001, S. 499–500 und Schröder, S. 241–252.

think, it creates an ideology for you, it tries to govern your emotional life as well as setting up a code of conduct. And as far as possible it isolates you from the outside world, it shuts you up in an artificial universe in which you have no standards of comparison. The totalitarian state tries, at any rate, to control the thoughts and emotions of its subjects at least as completely as it controls their actions."[6]

Historischer Impuls und politischer Zweck

In seinem Aufsatz *Why I Write* aus dem Jahre 1946 erläutert der Autor Orwell seine Auffassung von den Motiven schriftstellerischer Tätigkeit. Hierbei führt er u. a. zwei Hauptmotive für das Verfassen von Prosa auf: den **historischen Impuls** und den **politischen Zweck**. Nach Orwell will der Schriftsteller wahre Fakten aufspüren, für die Nachwelt aufbewahren und somit die Welt in eine bestimmte Richtung weisen. In diesem Zusammenhang beschreibt Orwell selbst den Erfahrungshorizont, aus dem er bei der Niederschrift von *Nineteen Eighty-Four* schöpft:

„First I spent five years in an unsuitable profession (the Indian Imperial Police, in Burma), and then I underwent poverty and the sense of failure. This increased my natural hatred of authority and made me for the first time fully aware of the working classes, and the job in Burma had given me some understanding of the nature of imperialism: but these experiences were not enough to give me an accurate political orientation.

Then came Hitler (...). The Spanish war and other events in 1936–37 turned the scale and thereafter I knew where I stood. Every line of serious work that I have written since 1936 has

6 *Literature and Totalitarianism*. Ein Rundfunkgespräch des BBC, gedruckt im *Listener* vom 19. Juni 1941. In: CEJL II, S. 134–137.

been written, directly or indirectly, **against** totalitarianism and **for** democratic Socialism, as I understand it. It seems to me nonsense, in a period like our own, to think that one can avoid writing of such subjects. (...) I write it [a book] because there is some lie I want to expose, some fact I want to draw attention, and my initial concern is to get a hearing."[7]

Zerstörung des Protagonisten

Orwells letztes Werk *1984* stellt gewissermaßen die Summe seines Denkens und seiner Befürchtungen dar. Themen wie die **Wirkungslosigkeit individuellen Handelns** und die **Niederlage des Protagonisten nach Versuchen der Auflehnung und des Widerstandes** erfahren in *Nineteen Eighty-Four* eine letzte Steigerung: Die Persönlichkeit des Helden Winston Smith ist zuletzt vollkommen zerstört.

Intention zu *1984*

Über seine Intentionen des Romans *Nineteen Eighty-Four* schreibt George Orwell in einem Brief vom Dezember 1948:

„What it is really meant to do is to discuss the implications of dividing the world up into 'Zones of influence' (I thought of it in 1944 as a result of the Teheran conference), and in addition to indicate by parodying them the intellectual implications of totalitarianism."[8]

Rechtfertigung Orwells

Nach Veröffentlichung wurde der Roman, insbesondere in den USA, von der politischen Rechten sogleich als Waffe im Kampf gegen den Sozialismus benutzt. In diesem Zusammenhang sah sich Orwell gezwungen, in einem Schreiben zu erklären, dass sein Buch **keinen**

---

7 *Why I Write*, 1946. In: CEJL I, S. 1–7.
8 Brief vom Dezember 1948. In: CEJL IV, S. 460.

Angriff auf den Sozialismus oder die britische **Labour Party** darstelle:

> „My recent novel is NOT intended as an attack on Socialism or on the British Labour Party (of which I am a supporter) but as a show-up of the perversions to which a centralised economy is liable and which have already been partly realised in Communism and Fascism. I do not believe that the kind of society I describe necessarily will arrive, but I believe (allowing of course for the fact that the book is a satire) that something resembling it could arrive. I believe also that totalitarian ideas have taken root in the minds of intellectuals everywhere, and I have tried to draw these ideas out to their logical consequences. The scene of the book is laid in Britain in order to emphasise that the English-speaking races are not innately better than anyone else and that totalitarianism, **if not fought against**, could triumph anywhere.“[9]

Orwell nutzt die Gattung der **Utopie/Dystopie** (vgl. Kapitel 3.3), um durch den Entwurf eines Negativ-Staates auf satirische Weise die damaligen Zustände anzuprangern.

Literarische Einflussgeber

Nineteen Eighty-Four steht in der **literarischen Tradition** utopischer bzw. dystopischer Romane und politischer Satiren wie beispielsweise Swifts *Gulliver's Travels* (1726). Orwell war ein begeisterter Leser von H. G. Wells Werken, so war ihm auch Wells Dystopie *When the Sleeper Awakes* (1899) bekannt. Von Jewgenij Samjatins *We* (1923) besaß Orwell eine französische Übersetzung[10]. Während seiner Schulzeit in Eton (vgl. Kapitel 2.1) war Orwell ein Schüler

---

9 Auszug aus einem Brief an Francis A. Henson aus dem Jahre 1949. In: CEJL IV, S. 502.

10 Vgl. Michael Sherborne, *Nineteen Eighty-Four*. York Notes. 2005. S. 98 f.

von Aldous Huxley und hat später dessen Anti-Utopie *Brave New World* (1932) gelesen. In beiden Büchern finden sich zahllose Parallelen, wobei die thematische Ausrichtung von *Brave New World* und *1984* völlig unterschiedlich ist. Auch James Burnhams *The Managerial Revolution* (1941) soll einen maßgeblichen Einfluss auf Orwells *1984* gehabt haben.

3.2 Inhaltsangabe

ZUSAMMEN-FASSUNG

Beschrieben wird aus der Sicht von Winston Smith das Leben im totalitären Staat Oceania mit der Symbolfigur des Big Brother (Ingsoc-Partei) im Jahr 1984. Die Menschen in diesem Staat werden komplett überwacht, eigenes Denken ist nicht erwünscht und wird als *thoughtcrime* bestraft. Winston arbeitet im Ministry of Truth und passt dort historische Fakten der Partei-Linie an. Er verfasst ein geheimes Tagebuch und begeht damit *thoughtcrime*. Er möchte das Leben im Staat ändern und hofft u. a. auf die Untergrundorganisation *Brotherhood* mit ihrer Führerfigur Emmanuel Goldstein. In O'Brien meint Winston einen Vertreter der staatsfeindlichen *Brotherhood* zu erkennen und tritt in Kontakt mit ihm. Mit Julia baut Winston eine verbotene Beziehung auf und trifft sich mit ihr in einem vermeintlich sicheren Zimmer über einem Altwarenladen. Die Beziehung wird entdeckt, das Zimmer war ständig überwacht und O'Brien stellt sich als Winstons Folterknecht heraus. Winston wird – ebenso wie Julia – inhaftiert und gefoltert: Er soll nach Parteiwillen von seinen subversiven „Wahnvorstellungen" geheilt werden. Um Winston auch emotional zu brechen, wird er im *Room 101* mit seinen tiefsten Ängsten vor Ratten konfrontiert. Winston verrät daraufhin in Todesangst Julia. Als er aus der Haft entlassen wird und auf seine Eliminierung wartet, liebt er Big Brother.

Hintergrund

Big Brother is watching you

Nach dem Atomkrieg der 50er-Jahre ist die Welt im Jahre 1984 in drei Staaten unterteilt – **Eastasia, Eurasia** und **Oceania** –, die sich ununterbrochen im Krieg gegeneinander befinden. England, das in dem Roman **Landefeld 1** heißt, und **London** gehören dem Großstaat **Oceania** an, der von der autoritären **Ingsoc-Partei** und ihrem allmächtigen Führer **Big Brother** beherrscht wird. Plakate mit dem Bild eines schnauzbärtigen Mannes und der Warnschrift „**BIG BROTHER IS WATCHING YOU**" prägen das Straßenbild des verwüsteten Londons. Der Regierungsapparat der Partei verteilt sich auf vier mächtige Ministeriengebäude, das **Ministry of Peace** (Ministerium für Frieden), das **Ministry of Love** (Ministerium für Liebe), das **Ministry of Plenty** (Ministerium für Überfülle) und das **Ministry of Truth** (Ministerium für Wahrheit), auf dessen Frontseite die Parteiparole angebracht ist:

WAR IS PEACE
FREEDOM IS SLAVERY
IGNORANCE IS STRENGTH

Thought Police und Telescreens im Überwachungsstaat

(S. 6; Krieg ist Frieden – Freiheit ist Sklaverei – Unwissenheit ist Stärke[11]). Die Partei selbst (15% der Bevölkerung) hat ihr Zentrum in der **Inner Party**, während der größere Mitgliederanteil der **Outer Party** angehört. Den Großteil der Bevölkerung (85%) bilden die **Proles**, in Armut lebende Industrie- und Landarbeiter. Um ihre Macht auf ewig zu erhalten, kontrolliert die Partei die Bevölkerung durch den Einsatz der **Thought Police** (Gedankenpolizei) und in allen Räumen angebrachte, nicht abschaltbare **Teleschirme**, die gleichzeitig Sende- und Aufnahmegeräte sind. Um die Parteimitglieder der **Thoughtcrime** (Gedankenverbrechen) zu überführen, werten die Teleschirme Bild und Ton aus.

---

11 Zitiert nach der deutschen Ausgabe; übersetzt von Michael Walter, S. 10.

Sobald Parteimitglieder den Verdacht des Gedankenverbrechens auf sich gelenkt haben, verschwinden sie in den Katakomben des Ministry of Love. Der größte Feind des totalitären Systems **Oceanias** ist Emmanuel Goldstein. Als abtrünniger Parteiführer steht er in dem Verdacht, an der Spitze einer Untergrundorganisation, die sich **Brotherhood** (Brüderschaft) nennt, den Sturz des Regimes zu planen.

Emmanuel Goldstein und die Brotherwood

Part I

Der Staat Oceania mit seiner ausgeklügelten Überwachungsmaschinerie und sämtlichen Herrschaftsinstrumenten (permanente Kriegsführung, Big Brother) wird aus der Perspektive des Protagonisten heraus entworfen. Winston Smith arbeitet in dem Ministry of Truth, das in dem Regierungssystem für Nachrichten, Unterhaltung und Kultur zuständig ist. Seine Hauptaufgabe besteht in dem Auslöschen bzw. parteikonformen Umschreiben der Vergangenheit, frei nach dem Prinzip des doublethink (wissen und zugleich nicht daran glauben), dem er noch nicht vollkommen erlegen ist und das zu seiner systemkritischen Wahrnehmung führt. Durch das Verfassen eines geheimen Tagebuchs begeht er bewusst thoughtcrime, da im Staat persönliche Gefühle und Gedanken untersagt sind. Winston glaubt in O'Brien, einem Mitglied der Inner Party, einen ebenfalls subversiv denkenden Verbündeten gefunden zu haben, der auf eine Art seelische Verbundenheit in Kontakt mit ihm tritt. Auch eine dunkelhaarige Frau nimmt er als in besonderer Verbindung zum ihm stehend wahr.

Kapitel 1: Winston Smith beginnt ein Tagebuch

Es ist der 4. April im Jahre 1984. Der 39-jährige Winston Smith, Mitglied der **Outer Party,** kommt an diesem kalten Tag in der Mittagspause nach Hause. Aufgrund eines Krampfadergeschwürs (varicose ulcer, S. 3) hat Winston Schwierigkeiten beim Treppensteigen, nachdem der Aufzug sowieso ständig außer Betrieb ist. Beim Hochsteigen fällt sein Blick auf ein draußen hängendes Plakat, auf dem ein männliches Gesicht überlebensgroß abgebildet ist und darunter die Schrift: „BIG BROTHER IS WATCHING YOU" (S. 3).

Winston beginnt ein Tagebuch

Winston arbeitet in der Registrierabteilung des Ministry of Truth, welches für Nachrichten, Unterhaltung und Kultur zuständig ist. Wenn er aus dem Fenster seiner Wohnung des baufälligen **Victory**-Blocks blickt, sieht er dieses Ministry of Truth mit dem Schriftzug „WAR IS PEACE / FREEDOM IS SLAVERY / IGNORANCE IS STRENGTH" (S. 6). Winston denkt auch an die anderen Ministerien: the Ministry of Peace, the Ministry of Plenty und the Ministry of Love. In einer vom so genannten „telescreen" (S. 4, dt. Teleschirm) nicht einsehbaren Nische beginnt Winston in seiner Wohnung ein Tagebuch zu schreiben. Das Buch hat er kürzlich in einem Trödelladen im Proles-Viertel erstanden (S. 8). Da in Oceania jegliche Äußerung individueller und persönlicher Gefühle nicht toleriert wird, begeht Winston bewusst **thoughtcrime** und riskiert Gefangenschaft und Todesstrafe.

Two Minute Hate

Winston beginnt ins Tagebuch zu schreiben, er erzählt von einem Film, den er am Abend vorher gesehen hat. Seine Gedanken schweifen. Während seines Arbeitstages hat sich nichts Außergewöhnliches ereignet. Um elf Uhr hat er an dem **Two Minutes Hate** (Zwei-Minuten-Hass) teilgenommen: alle Parteigenossen versammeln sich vor einem riesigen Teleschirm und werden in unbeherrschte Raserei versetzt. Ihr Hass wird gezielt auf den Staatsfeind Emmanuel Goldstein gelenkt, der angeblich das Regime des großen Beschützers **Big Brother** stürzen will und Rechte wie Meinungsfreiheit fordert. Obwohl auch Winston Opfer der massenhypnotischen Wirkung der **Hass-Sendung** ist, so schafft er es dennoch, seinen Hass gegen **Big Brother** zu richten.

Im Rahmen des **Two Minutes Hate** ist Winston einem Mitglied der **Inner Party** namens O'Brien begegnet, in dem er einen Verbündeten zu erkennen meint. Ihre Blicke haben sich am Ende der Veranstaltung gekreuzt und Winston glaubt, dass O'Brien von seiner kritischen Einstellung gegenüber der Partei weiß und mit dieser sympathisiert: „But there was a fractio of a second when their eyes met, and for as long as it took to happen Winston knew – yes, he *knew*! – that O'Brien was thinking the same thing as himself." (S. 19) Ein attraktives dunkelhaariges Mädchen, das eine scharlachrote Schärpe trägt – das Abzeichen der **Junior Anti-Sex League** (Junioren Anti-Sex Liga) – hat Winstons Hass auf Frauen hervorgerufen. Winston hält seine weiblichen Genossen für blind ergebene Parteianhänger und freiwillige Spitzel der **Thought Police**, mit deren Hilfe man **thoughtcrime** aufspüren kann.

Begegnung Winston und O'Brien

Nach einer Weile stellt Winston erschrocken fest, dass er während seiner Grübelei automatisch in seinem Tagebuch weitergeschrieben hat. Eine halbe Seite ist mit dem Satz „**DOWN WITH BIG BROTHER**" (S. 20) beschrieben, was ihm sein **thoughtcrime** deutlich vor Augen führt. Während er darüber nachdenkt, dass er **vaporisiert** werden wird, klopft es an der Tür.

„Down with Big Brother"

Stichwörter/wichtige Textstellen:

Parteiparole: „War ist peace – Freedom is slavery – Ignorance is strength" (S. 6); Tagebuch; **thoughtcrime**.

Kapitel 2: Winston bei seinen Nachbarn, den Parsons

Als Winston ängstlich die Tür öffnet, steht Winstons Nachbarin Mrs Parsons davor und bittet ihn, das verstopfte Abflussrohr ihrer Küchenspüle zu reinigen. Mrs Parsons ist die Frau eines begeisterten Parteigenossen namens Tom Parsons, mit dem Winston zusammen im Ministry of Truth arbeitet. Nachdem Winston der Bit-

Winston bei den Parsons

te nachgekommen ist und den Abguss gereinigt hat, wird er von den beiden **Parsons-Kindern als eurasischer Spion und Verräter beschimpft**. Entschuldigend erklärt Mrs Parsons Winston, dass ihre Kinder an diesem Tage ungehalten seien, da sie nicht zum öffentlichen Hängen gehen könnten – einer regelmäßigen und beliebten Form öffentlicher Unterhaltung, während der Kriegsgefangene durch Erhängen hingerichtet werden. Als Winston in seine Wohnung zurückkehrt, denkt er über das gegenwärtige Familienleben nach: Eltern müssen ständig damit rechnen, von ihren Kindern der Thought Police ausgeliefert zu werden, da diese durch Organisationen wie die Youth League und die Spies zu Spionen für die Partei erzogen werden.

Zurück in seinem Zimmer versucht Winston die Arbeit an seinem Tagebuch wieder aufzunehmen, doch seine Gedanken kreisen erneut um O'Brien und einen merkwürdigen **alten Traum**, den er nun mit O'Brien in Verbindung bringt.

„The place where there is no darkness"

Während dieses Traumes hat er sich in einem finsteren Raum befunden und eine Stimme vernommen, die sagte: „**We shall meet in the place where there is no darkness**" (S. 27). Er ist davon überzeugt, dass es O'Briens Stimme gewesen ist und dass zwischen ihnen eine besondere Verbindung besteht. Hierbei scheint es ihm nicht von Bedeutung, ob O'Brien Freund oder Feind ist, solange sich die Worte bewahrheiten würden. In seinem Tagebuch verfasst Winston einen Gruß an die Vergangenheit, in der Gedankenfreiheit herrschte und Individualität respektiert wurde. Winston beschließt, obwohl thoughtcrime der Tod ist, so lange wie möglich gesund und lebendig zu bleiben. Nachdem er die Tinte von seinen Fingern entfernt hat, legt er sein Tagebuch in eine Schublade und platziert ein Staubkorn auf eine Ecke des Einbandes, um später erkennen zu können, ob das Buch berührt worden ist.

Stichwörter/wichtige Textstellen:

„Seven years it must be – he had dreamed that he was walking through a pitch-dark room. And someone sitting to one side of him had said as he passed: 'We shall meet in the place where there is no darkness.' (...) It was O'Brien who had spoken to him out of the dark. (...) There was a link of understanding between them, more important than affection or partisanship." (S. 27); „From the age of uniformity, from the age of solitude, from the age of Big Brother, from the age of doublethink – greetings!" (S. 30)

Kapitel 3: Winstons Familie und the Golden Country

„The Golden Country"

Winston träumt von seiner Vergangenheit. Im Traum sieht er Mutter und Schwester, die während der ersten großen **Säuberungsaktionen** der 50er-Jahre verschwunden sind: die zwei sinken im Saal eines Schiffes in die Tiefe. Die beiden starren ihn an. Winston fühlt, dass sie sich für ihn geopfert haben, eine Tat aus Liebe, die gegenwärtig undenkbar wäre. Im nächsten Augenblick befindet er sich in einer Traumlandschaft, die er **„the Golden Country"** (das Goldene Land) nennt. Plötzlich erscheint das dunkelhaarige Mädchen, das ihm während der Arbeit begegnet ist, und wirft ihre scharlachrote Schärpe – das Symbol der Keuschheit – von sich. Winston erwacht mit dem Wort **„Shakespeare"** (S. 33) auf den Lippen.

Propaganda-Maschinerie der Partei

Während der alltäglichen, schmerzhaften Morgengymnastik vor dem Teleschirm versucht Winston sich an seine Kindheit zu erinnern – seinen Vater sah er zuletzt während eines Luftangriffs. Seit diesem Zeitpunkt ist der Krieg endlos gewesen, doch Winston kann sich nicht an historische Details erinnern. Geschichte steht ausschließlich unter Kontrolle der Partei und wird von dieser so oft wie nötig verändert. So ist beispielsweise der gegenwärtige Feind

Oceanias Eurasia, der Verbündete Eastasia, und der Partei nach hat es sich immer so verhalten. Winston weiß, dass es vor erst vier Jahren umgekehrt gewesen ist, doch dieser Fakt wird von der mächtigen **Propagandamaschinerie der Partei** ausgelöscht. Dokumente der Vergangenheit werden entweder zerstört oder zweckmäßig umgeschrieben, was die Partei reality control (Realitätskontrolle), oder in Newspeak, der Parteisprache, doublethink (Doppeldenk), nennt.

Winston kämpft noch gegen die Parteidoktrin

„Doublethink" bedeutet, dass man einerseits weiß, dass etwas geschehen ist, und gleichzeitig glaubt, dass es nicht passiert ist. Solche Gedanken beweisen Winston, dass er der Parteidoktrin noch nicht vollständig zum Opfer gefallen ist. Winston wird durch den Telescreen zum besseren Mitmachen der gymnastischen Übungen aufgefordert.

Stichwörter/wichtige Textstellen:

The Golden Country (S. 33); „The girl with dark hair" (S. 33); „ (...) the varicose ulcer had started itching" (S. 34); Parteiparole: „Who controls the past, (...) controls the future: who controls the present controls the past" (S. 37); Reality control; doublethink; Ingsoc; Fälschung historischer Fakten.

Kapitel 4: Winstons Arbeit im Ministry of Truth

Um-Schreiben der Vergangenheit

Winston ist bei seiner Arbeit in der Dokumentations-Abteilung des Ministry of Truth. Es ist seine Aufgabe mit Hilfe eines „speakwrite" (S. 40), Aufzeichnungen jeder Art zu verändern und der Parteiideologie anzupassen. Hierbei handelt es sich insbesondere um **Versprechen des Big Brother** in alten Reden, die sich in der Gegenwart nicht bewahrheitet haben. Sobald Winston die Dokumente umgeschrieben hat, verschwindet das alte Material für immer im „memory hole" (S. 40; Gedächtnis-Loch). Auf diese Weise kann jede Äußerung und Prophezeiung der Partei dokumentarisch belegt werden. Obwohl Winston weiß, dass er **historische Fakten fälscht**, mag er seine Arbeit.

Die Dokumentations-Abteilung ist lediglich ein kleiner Teil des Ministry of Truth, das sowohl die Abteilungen für Literatur und Nachrichten für Parteimitglieder als auch ähnliche Abteilungen auf einem „niedrigeren" Niveau für die Proles beschäftigt. Hauptlektüre für die Proles sind triviale Illustrierte oder pornografische Zeitschriften, die in versiegelten Paketen unters Volk gebracht werden.

Aus dem vaporisierten Withers wird Ogilvy

Winstons schwierigste Aufgabe an diesem Arbeitstag ist die Veränderung eines Zeitungsberichtes der *Times*, in dem Big Brother einen Parteigenossen namens Withers lobt. Gegenwärtig ist Withers jedoch eine Unperson, was so viel heißt wie tot. Das einstige Lob des Führers soll nun vernichtet werden. Winston erfindet eine Person mit Namen Ogilvy, einen optimalen Parteigenossen. Winston beobachtet seinen Kollegen Tillotson und vermutet, dass dieser mit der gleichen Arbeit beauftragt ist wie er.

Stichwörter/wichtige Textstellen:

„Day by day and almost minute by minute the past was brought up to date." (S. 42); „Statistics were just as much a fantasy in their original version as in their rectified version." (S. 43)

Kapitel 5: Mittagspause in der Kantine

Kantinenessen mit Syme und Parsons

Während der Mittagspause in der Kantine begegnet Winston Syme, einem Sprachwissenschaftler und Parteianhänger. Syme ist Experte auf dem Gebiet **Newspeak** und momentan mit der Erstellung der elften **Ausgabe des Newspeak-Wörterbuchs** beauftragt. Während des Essens erläutert Syme Winston seine Arbeitsweise. Täglich werden Hunderte von Wörtern abgeschafft, um die Sprache auf das Notwendige zu reduzieren. **Oldspeak**, so Syme, habe zu viele undeutliche Begriffe und eine nutzlose Bedeutungsvielfalt.

Wofür brauche man das Wort „bad", wenn man denselben Sachverhalt einfach durch „ungood" ausdrücken könne. Das Endziel der Newspeak, der radikalen Reduzierung des Wortschatzes, ist für die Partei von enormer Bedeutung, da es die Ausrottung von thoughtcrime ermöglicht. Obwohl Syme ein strenger Parteianhänger ist, hält Winston ihn doch für zu klug, um zu überleben.

Alone in the possession of memory?

Winstons Nachbar Parsons setzt sich zu ihnen an den Tisch und erzählt stolz von seinen Kindern, die sich zu parteitreuen Spionen entwickeln. Eine Nachricht aus dem Telescreen vom Ministry of Plenty unterbricht das Gespräch am Tisch: Es wird als große Errungenschaft vermeldet, dass die **Schokoladen-Ration**, die nach Winstons Erinnerung am vorherigen Tag von 30g auf 20g gekürzt wurde, auf 20g hochgesetzt wird. Winston überlegt sich, nachdem die anderen keinerlei Regung zeigt, ob er der einzige mit einem Gedächtnis ist.

Am Nebentisch entdeckt Winston plötzlich das dunkelhaarige Mädchen wieder, das er zusammen mit O'Brien und in seinem Traum gesehen hat. Ihre Blicke treffen sich und Winston befürchtet, dass sie ihm nachspioniert.

Stichwörter/wichtige Textstellen:

„The proles are not human beings" (S. 56); „The whole climate of thought will be different. In fact there will *be* no thought, as we understand it now. Orthodoxy means not thinking – not needing to think. Orthodoxy is unconsciousness." (S. 56)

Kapitel 6: Winstons Erlebnis bei einer Prostituierten

Gedanken und Erlebnisse hält Winston im Tagebuch fest

Winston beschreibt an diesem Abend in seinem Tagebuch ein drei Jahre zurückliegendes, unerfreuliches Treffen mit einer Prostituierten. Die Strafe für den Umgang mit Prostituierten bedeutet zwar mindestens fünf Jahre Zwangsarbeitslager, doch eine sexuelle Beziehung zu einem Parteimitglied wäre ein schwereres Verbrechen. Während er an das Erlebnis mit der Prostituierten denkt, fällt ihm seine **Frau Katherine** ein, von der er seit vielleicht elf Jahren getrennt lebt, da Scheidungen nicht erlaubt sind.

Winstons erinnert sich an seine Frau Katharine

Katherine, eine hübsche Frau, unterlag vollkommen der Parteidoktrin. Selbst das sexuelle Leben war für sie reine Pflichterfüllung und diente ihrer Überzeugung nach nur der Fortpflanzung für die Partei. Die Partei hat hierfür sogar eine Erziehungsinstitution gegründet, die Junior Anti-Sex League, welche **Keuschheit und künstliche Befruchtung** propagiert.

Zuletzt erinnert sich Winston erneut an die Prostituierte und schreibt in sein Tagebuch, wie er vor lauter Schminke erst spät erkannt habe, dass sie alt und zahnlos gewesen sei.

Stichwörter/wichtige Textstellen:

„The Party was trying to kill the sex instinct, or, if it could not be killed, then to distort it and dirty it." (S. 69)

Kapitel 7: Die Proles als Hoffnungsträger

85% der Bevölkerung Oceanias sind Proles

„*If there is hope*, wrote Winston, *it lies in the proles*." (S. 71) Winston glaubt, dass die Partei nur durch einen Aufstand der Proles gestürzt werden könne, da diese 85% der Bevölkerung Oceanias bilden. Durch gezielte Propagandastrategien schafft es die Partei jedoch, die Proles „dumm" zu halten. So wird ihnen einerseits eingetrichtert, dass die Partei sie von der vorrevolutionären Ausbeutung und Unterdrückung durch „Kapitalisten" befreit habe. Andererseits hält die Partei diese Menschen absichtlich am Rande des Existenzminimums, um sie durch den Überlebenskampf von Emanzipation fern zu halten. Die Partei betrachtet die Proles als natürlich minderwertig.

Beweis für Geschichtsfälschung

Winston hat sich von den Parsons ein Schulbuch geliehen, von dem er einige Auszüge in sein Tagebuch kopiert. Dem Buch nach handelt es sich bei der vorrevolutionären Zeit um eine Zeit, in der die „capitalists", deren „chief" man als „king" bezeichnet habe, Zylinder getragen und Kinder als Sklaven gehalten hätten (S. 75/76). Winston hält diese Beschreibungen jedoch für falsch, da er einst, im Jahre 1973, einen eindeutigen **Beweis für Geschichtsfälschung** in der Hand gehalten hat.

Im Jahre 1965 wurden die letzten Überlebenden der einstigen Führer der Revolution festgenommen. Dem üblichen Verfahren nach sind sie erst ein Jahr lang verschwunden und haben anschließend sämtliche Sabotageakte gestanden. Vor ihrer endgültigen Eliminierung wurden sie begnadigt und wieder in die Partei aufgenommen. Während der kurzen Zeit ihrer Begnadigungsfrist hat Winston sie im **Café Kastanienbaum** gesehen und entsetzt ihre verstümmelten Gesichter betrachtet. Im Jahre 1973 ist ihm während seiner Arbeit ein *Times*-Artikel in die Hände geraten, der ein datiertes Foto der drei Männer in New York, in Eastasia, enthielt. Winston ist sich jedoch sicher gewesen, dass die Männer gestanden hatten, sich zu dieser Zeit in Eurasia befunden zu haben. Somit müssen die Geständnisse Lügen gewesen sein. In Panik vor der Thought Police hat Winston das **Beweispapier jedoch sofort vernichtet**. Eine Tat, die er nun zutiefst bereut.

„Freedom is the freedom to say that two plus two make four."

Es ist das Ziel der Partei, den gesunden Menschenverstand und die Funktion des Gedächtnisses zu zerstören. Am Ende, so Winston, würde man sogar fähig sein zu akzeptieren, „that two and two made five" (S. 83), wenn die Partei das verlangt. Winston fühlt, dass er **das Tagebuch für O'Brien schreibt** und beharrt zuletzt auf seinem eigenem Grundsatz: Freiheit ist die Freiheit zu sagen, dass zwei und zwei vier ergibt.

Stichwörter/wichtige Textstellen:

„With the feeling that he was speaking to O'Brien, and also that he was setting forth an important axiom, he wrote: *Freedom is the Freedom to say that two plus two make four. If that is granted, all else follows.*" (S. 84)

Kapitel 8: Winston unterwegs im Proles-Viertel

Anstatt den Abend mit Parteimitgliedern im Community Centre zu verbringen, riskiert Winston einen Spaziergang durch die Proles-Viertel der Stadt, obwohl Einzelgängertum von der Partei nicht gern gesehen wird. Er erlebt einen Bombenangriff mit, durch den mehrere Häuser zerstört werden, und hört Proles-Männer über die Lotterie diskutieren, die das Ministry of Plenty für die Proles organisiert.

Winston will einen alten Mann über die alte Zeit aushorchen

Winston geht in ein Proles-Pub und will einen alten Mann dort über die alte Zeit – die Zeit vor der Partei – aushorchen, was ihm nicht recht gelingt: „A sense of helplessness took hold of Winston." (S. 95) Schließlich findet sich Winston bei dem Altwarenladen wieder, in dem er das Tagebuch gekauft hat. Der Besitzer stellt sich als Mr Charrington vor, obwohl er laut Ladenaufschrift Weeks heißt. Winston ist fasziniert von einem **gläsernen Briefbeschwerer, der in sich eine Korallenperle einschließt**, und kauft ihn. Als der Besitzer ihm einen altmodischen, gemütlichen Raum im ersten Stock zeigt, verspürt Winston das Verlangen nach einem warmen und sicheren Heim. Laut Charrington befindet sich in diesem Zimmer kein Teleschirm. Der Besitzer zeigt Winston ein Gemälde der alten **Kirche St. Clement Danes** und spricht einen Reim dazu. Fasziniert verlässt Winston den Laden. Auf der Straße sieht er plötzlich das dunkelhaarige Mädchen aus dem Fiction Department auf sich zukommen. Er ist sicher, dass sie eine Spionin der Thought Police ist, und denkt sogar darüber nach, sie mit seinem Briefbeschwerer zu erschlagen.

Kauf eines Briefbeschwerers bei Mr Charrington

Zu Hause angekommen grübelt Winston über seine Zukunft, die zweifellos in **Gefangenschaft, Folter und Hinrichtung** enden wird. Er nimmt eine Münze aus seiner Tasche, betrachtet das Gesicht des Big Brother und fragt sich, was für ein Lachen hinter dem dunklen Schnurrbart versteckt ist.

Stichwörter/wichtige Textstellen:

„*'Oranges and Lemons', say the bells of St. Clements (...)*" (S. 102); **paperweight**; „'We shall meet in the place where there is no darkness,' O'Brien had said to him. He knew what it meant, or thought he knew. The place where there is no darkness was the imagined future (...). The face of Big Brother swam into his mind, displacing that of O'Brien. (...) The face gazed up at him, heavy, calm, protecting: but what kind of smile was hidden beneath the dark moustache?" (S. 107)

Part II

Julia stellt sich statt als auf ihn angesetzte Spionin als ebenfalls systemkritische Mitarbeiterin desselben Ministeriums heraus, die sich in Winston verliebt hat. Es entwickelt sich eine im Staat verbotene Liebesbeziehung zwischen den beiden, die sie selbst als gemeinsame Verschwörung gegen Big Brother empfinden. Winstons Sehnsüchte nach einem Leben in Gedankenfreiheit und auf der Basis von Individualität und Menschlichkeit manifestieren sich in verschiedenen Träumen, die er zum Teil zu deuten und – u. a. auch in seinem vermeintlich gut versteckten Tagebuch – auf sein Hier und Jetzt zu beziehen versucht. Er hat die Hoffnung, das System einst mit Verbündeten umstürzen zu können, wozu er sich an die vermeintlich hoffnungsvolle Ankündigung O'Briens klammert, der ihm prophezeit, dass sie sich einst an einem Platz treffen werden, an dem „keine Dunkelheit" existiert. O'Brien spielt ihm vor, zu der vermeintlichen Untergrundorganisation um den

Rebellionsführer Goldstein zu gehören, der sogenannten Brotherhood, und organisiert vermeintlich geheime Treffen, an denen Winston seine Gedanken äußert und weiteres Vertrauen zu O'Brien aufbaut. Winston lebt seine Beziehung mit Julia in einem Zimmer über einem Altwarenladen aus, was ihn weiter in seinen subversiven Reflexionen bestärkt. Zuletzt werden sie jäh mit der Realität der Überwachung konfrontiert, die auch während ihrer gesamten vermeintlich geheimen Beziehung stets präsent war, und beide werden als Gedankenverbrecher getrennt abgeführt.

Kapitel 1: Mädchen nimmt Kontakt mit Winston auf

Einige Zeit später begegnet Winston erneut dem dunkelhaarigen Mädchen im Ministerium. Sie trägt ihren rechten Arm in einer Schlinge. Als sie an Winston vorbeigeht, stolpert sie plötzlich und fällt auf den verletzten Arm. Während Winston ihr hilft aufzustehen, drückt sie ihm ein Stück Papier in die Hand. Bei der nächstbesten Gelegenheit holt Winston das Papier hervor und findet die Botschaft ***„I love you"*** (S. 113). Trotz Verwirrung verspürt Winston einen neuen Lebenstrieb.

Treffen zwischen Winston und dem Mädchen

Es dauert eine Woche, bis Winston in der Kantine die Gelegenheit nutzt und das Mädchen anspricht. Sie verabreden ein Treffen für denselben Abend am Victory Square, wo sie hoffen, unter der Menschenmenge nicht aufzufallen. Sie treffen nacheinander dort ein und als ein Transport eurasischer Gefangener den Platz überquert, drängelt sich Winston neben das Mädchen. In der Menge gibt ihm das Mädchen präzise Anweisungen über Ort und Zeitpunkt eines Treffens am kommenden Sonntag. Sie trauen sich nicht, einander anzusehen, aber ihre Hände berühren sich.

Stichwörter/wichtige Textstellen:

„At the sight of the words *I love you* the desire to stay alive had welled up in him, and the taking of minor risks suddenly seemed stupid." (S. 115)

Kapitel 2: Treffen zwischen Julia und Winston am Sonntag

Wie verabredet treffen sich Winston und das Mädchen am Sonntag in einer menschenleeren Frühlingslandschaft außerhalb Londons. Doch auch hier müssen sie vorsichtig sein, da überall Mikrofone versteckt sein könnten. Das Mädchen führt ihn über einen schmalen Pfad zu einer kleinen Lichtung im Wald, die ein sicherer Ort zu sein scheint.

Winston entdeckt „Golden Country" seiner Träume

Für körperliche Annäherungsversuche ist Winston noch zu unsicher, und so beginnen sie ein Gespräch. Das Mädchen heißt Julia. Sie verachtet die Partei und beeindruckt Winston durch ihre direkten und vulgären Äußerungen. Verliebt habe sich Julia in Winston, da sie glaubte, dieselbe Verachtung für die Partei bei ihm bemerkt zu haben. Als sie an den Waldrand gelangen, erkennt Winston in der entfernteren Landschaft „**Golden Country**", den Landstrich seiner Träume. Während er das ferne Weideland betrachtet, gibt er sich ganz seinen Gefühlen hin. Verliebt kehrt er mit Julia zu der Lichtung zurück, wo sie – wie in Winstons Traum – ihre Schärpe der **Anti-Sex League** von sich reißt. Sie geben sich einander hin, doch als Winston anschließend den Körper der schlafenden Julia betrachtet, fühlt er, dass gegenwärtig sogar Liebe ein politischer Akt ist. Das sexuelle Erlebnis empfindet Winston als Schlag gegen die Scheinheiligkeit der Partei, die er als innerlich verdorben betrachtet.

Julia und Winston lieben sich

Stichwörter/wichtige Textstellen:

„No emotion was pure, because everything was mixed up with fear and hatred. Their embrace had been a battle, the climax a victory. It was a blow struck against the Party. It was a political act.“ (S. 133)

Kapitel 3: Julia erzählt aus ihrem Leben

Julia will Leben genießen: umgeht Parteivorschriften

Winston und Julia verabreden erneute Zusammenkünfte. Normalerweise treffen sie sich auf den Straßen, wo jedoch nur ein bruchstückartiger Redeaustausch stattfinden kann. Schließlich finden sie ein neues Liebesnest im Glockenturm einer Kirchenruine. Hier erzählt Julia Winston von ihrem Leben. Sie ist sechsundzwanzig Jahre alt und arbeitet an den Kompositionsmaschinen in der Romanabteilung. Mit sechzehn Jahren hatte sie ihre erste Affäre mit einem sechzigjährigen Parteimitglied und seit jeher versucht sie, die Restriktionen der Partei unauffällig zu umgehen. Im Gegensatz zu Winston will Julia lediglich das Leben genießen, doch nicht wirklichen Widerstand gegen die Parteiführung leisten.

Erzwungene sexuelle Enthaltsamkeit nutzt Partei

Wenn Winston Julia auch für „not clever“ (S. 136) hält, so schätzt er ihre Bewertung der von der Partei vorgeschriebenen Enthaltsamkeit: Erzwungene Keuschheit erzeuge eine Art Hysterie, die leicht in Hass, Kriegslust und Führerverehrung umgewandelt werden könne. **Zucht und Enthaltsamkeit garantierten politische Strenggläubigkeit.** Während Julia die Zeit ihres Verhältnisses genießen will, erkennt Winston, dass das Ende mit dem Tod durch Exekution absehbar ist.

Stichwörter/wichtige Textstellen:

[Julia:] „If you kept the small rules you could break the big ones.“ (S. 135); „There was a direct, intimate connection between chastity and political orthodoxy." (S. 139/140); „The family had become in effect an extension of the Thought Police." (S. 140)

Kapitel 4: Winstons geheime Ängste

Obwohl er sich des Risikos bewusst ist, hat Winston das Zimmer über Mr Charringtons Altwarenladen gemietet – ein Ort, an dem er mit Julia allein sein kann, um eine „normale" Beziehung zu führen. Während er auf Julia wartet, hört er einer Proles-Frau zu, die beim Wäscheaufhängen Schlagerlieder singt.

Panikattacke: Winstons Angst vor Ratten

Überraschenderweise bringt Julia seltene Lebensmittel wie echten Kaffee und Milch, die den Mitgliedern der Inner Party vorbehalten sind, mit. Sie trägt Make-up auf und verkündet Winston, dass sie in diesem Raum eine „Frau" sein will. Sie lieben sich und schlafen ein. Beim Aufwachen entdeckt Julia eine Ratte und verscheucht sie. **Winston gerät in Panik, da die Ratte ihn an einen häufigen Albtraum erinnert**: Er steht vor einer Wand aus Dunkelheit, hinter der er etwas Schreckliches wahrnimmt. Auch wenn er weiß, was sich hinter der Mauer befindet, so schafft er es nicht, sich diesem zu stellen. Julia bereitet echten Kaffee zu und Winston vergisst seinen Panikanfall.

Stichwörter/wichtige Textstellen:

„Both of them knew that it was lunacy." (S. 146); „'I bet that picture's got bugs behind it,' said Julia." (S. 153); „The paperweight was the room he was in, and the coral was Julia's life and his own, fixed in a sort of eternity a the heart of the crystal." (S. 154)

Kapitel 5: Vorbereitungen für Hate Week

Der Sprachwissenschaftler Syme ist – wie von Winston erwartet – verschwunden und seine Existenz ist ausgelöscht. Während der Vorbereitungen für die Hate Week treffen sich Winston und Julia häufig in ihrem Zimmer, beide fühlen sich sicher und sind glücklich. Sogar **Winstons Krampfaderknoten** scheinen zu heilen.

Partei profitiert von Desinteresse

Winston erzählt Julia von O'Brien. Zwar hält sie es für möglich, dass O'Brien vertrauenswürdig ist, doch an die Brotherhood glaubt sie nicht. Julia hält die Partei für unbesiegbar und auch Winstons Beweis für Geschichtsfälschung beeindruckt sie nicht. Lediglich ihrem momentanen Glück gilt Julias Interesse, und Winston begreift, dass die Partei gerade von diesem **Desinteresse** auf Seiten der Öffentlichkeit profitiert.

Stichwörter/wichtige Textstellen:

Hate Week (S. 154 f.); „The room was a world, a pocket of the past where extinct animals could walk." (S. 157); „In reality there was no escape" (S. 159)

Kapitel 6: O'Brien spricht Winston an

Eines Tages spricht O'Brien Winston in einem Flur des Ministry of Truth an. Er lädt Winston zu sich nach Hause ein, um über den Vorabdruck der neusten Ausgabe des Newspeak Wörterbuches zu sprechen. Hierbei erwähnt O'Brien indirekt Syme, der jetzt eine Unperson ist, was Winston als geheime Botschaft deutet.

O'Brien und die Brotherhood

Winston glaubt nun, dass die **Brotherhood existiert** und dass er durch O'Brien mit ihr Kontakt aufgenommen hat. Dennoch weiß er, dass ihn sein zukünftiges Handeln früher oder später in die Katakomben des Ministry of Love führen wird. Sein Schicksal scheint besiegelt.

Stichwörter/wichtige Textstellen:

O'Briens Botschaft (S. 164 f.); „a foretaste of death" (S. 166)

Kapitel 7: Winston und Julia schwören sich Treue

Albtraum: Winstons Mutter und Schwester verschwinden

In dem Zimmer über dem Altwarenladen erwacht Winston mit Tränen in den Augen aus einem Traum, der ihm die Erinnerung an ein quälendes Ereignis seiner Vergangenheit zurückgebracht hat. Nach dem Verschwinden seines Vaters bemühte seine Mutter sich, ihn und seine jüngere Schwester zu versorgen. **Winston war sehr egoistisch**, denn obwohl er wusste, dass er Mutter und Schwester Schaden zufügte, verlangte er oft zusätzlich ihre Nahrungsrationen. Eines Tages hatte er seiner vor Hunger geschwächten Schwester ein Stückchen Schokolade entrissen und während seine Mutter instinktiv ihre sterbende Tochter umarmte, rannte Winston aus dem Haus. Als er in die Wohnung zurückkehrte, waren Mutter und Schwester für immer verschwunden.

„If they could make me stop loving you – that would be the real betrayal."

Während Winston von den schmerzhaften Erinnerungen erzählt, ist Julia eingeschlafen. Er glaubt, dass es nur noch **bei den Proles wahre Menschlichkeit** gibt. Nachdem Julia wieder erwacht ist, führen sie sich ihr Ende in den Folterkammern des Ministry of Love vor Augen: „[Winston:] 'If they could make me stop loving you – that would be the real betrayal.'" Laut Julia würden sie trotz Folter ihre Gefühle füreinander nicht verraten.

Stichwörter/wichtige Textstellen:

Traum der Vergangenheit (S. 167 f.); „'The proles are human beings,' he said aloud. 'We are not human.'" (S. 173) „They could lay bare in the utmost detail everything that you had done or said or thought; but the inner heart, whose workings were mysterious even to yourself, remained impregnable." (S. 174)

Kapitel 8: Winston und Julia in O'Briens Wohnung

O'Brien kann Telescreen ausschalten

O'Brien empfängt Winston und Julia in seiner Wohnung. Nachdem O'Brien seine Arbeit am Schreibtisch beendet hat, erhebt er sich und schaltet zum Erstaunen der Besucher den Teleschirm aus. O'Brien scheint nicht überrascht, als Winston und Julia darum bitten, in die Brotherhood aufgenommen zu werden. Er lässt seinen Diener Wein herbeibringen und spricht einen Trinkspruch auf Emmanuel Goldstein, den Führer der Brotherhood. Bevor die beiden in die Organisation aufgenommen werden, müssen sie u. a. versprechen, **für die Verschwörung zu sterben und Verbrechen an Unschuldigen zu begehen**. Auch müssen sie dazu bereit sein, sich für immer zu trennen, ein Versprechen, das Julia nur zögernd gibt. Winston ist begeistert von O'Briens Ausführungen über die Organisation. Niemand könne der Thought Police entkommen, so O'Brien, und daher sei die Brotherhood ein völlig geheimes Unternehmen, das seine Ziele erst in einer fernen Zukunft erreichen werde.

Trinksprüche auf Goldstein und die Vergangenheit

Nachdem Julia das Haus verlassen hat, erklärt O'Brien Winston, dass er bald eine **Kopie von Goldstein's Book** übermittelt bekommen werde. Erst nachdem er die Lehren Goldsteins gelesen habe, erklärt O'Brien Winston, werde er ein vollständiges Mitglied der Brotherhood sein. Zuletzt erklärt O'Brien, indem er Winstons zuvor gesagte Worte wiedergibt, dass ein Wiedersehen nur an dem Ort ohne Dunkelheit stattfinden könne: „'In the place where there is no darkness,' he [O'Brien] said, as though he had recognised the allusion."

O'Brien will Winston Goldstein's Book zukommen lassen

Stichwörter/wichtige Textstellen:

O'Brien schaltet den Teleschirm aus (S. 176); „[O'Brien:] 'We shall meet again – (...).' Winston looked up at him. 'In the place where there is no darkness?' he said hesitantly." (S. 185); O'Brien vervollständigt den Kinderreim (S. 186).

Kapitel 9: Winston liest in Goldstein's Book

Oceania befindet sich nun in Krieg gegen Eastasia

Während einer öffentlichen Versammlung auf einem der großen Londoner Plätze im Rahmen der Hate Week hat die Partei bekannt gegeben, dass sich Oceania im Krieg gegen Eastasia befindet, nicht gegen Eurasia – dies sei immer so gewesen. Seitdem hat Winston zahlreiche Überstunden für seine Aufgabe benötigt, die Vergangenheit der neuen Gegenwart anzugleichen.

Durch Krieg werden die Massen kontrolliert und Macht gesichert

Während der öffentlichen Versammlung hat man Winston in der Menschenmenge eine **Aktentasche mit Goldstein's Book** in die Hand gedrückt, das er nun in seinem Versteck über dem Altwarenladen lesen will. In drei Kapitel unterteilt beschreibt das Buch („THE THEORY AND PRACTICE OF OLIGARCHICAL COLLECTIVISM *by Emmanuel Goldstein*“ S. 191) die drei zentralen Parteiparolen: War is Peace, Freedom is Slavery und Ignorance is Strength. Winston schaut kurz auf das erste Kapitel und blättert dann um zum dritten Kapitel. Goldsteins Verständnis der Parteiparole „War is Peace“ ergibt sich aus der Analyse der gegenwärtigen Verhältnisse im Zeitalter der drei Großmächte. Kriege werden ununterbrochen geführt, um Ressourcen zu vernichten, die der Bevölkerung Reichtum und Bildung ermöglichen würden. Eine solche **Emanzipation der Massen** würde das autoritäre System der Regierenden gefährden. Der Krieg dagegen rechtfertigt nicht nur die Etablierung einer Führerschaft, sondern ist gleichzeitig ein Mittel, durch welches die Massen kontrolliert und beherrscht werden und Macht gesichert wird. Nur durch das beständige **Andauern des Kriegszustandes kann die herrschende Ordnung** aufrecht erhalten werden, somit ist Krieg (notwendig für) Frieden. Julia kommt in das Zimmer und legt sich erschöpft auf das Bett. Winston liest ihr aus dem ersten Kapitel des Buches vor.

Doublethink – „to arrest the course of history“

Um ihre Macht zu sichern, ist es für die Partei notwendig, die Massen „dumm“ zu halten. Ihnen wird Freiheit des Denkens gewährt, weil sie nicht denken. Um Denken zu verhindern, ist ein bestimmtes geistiges Training entwickelt worden, das in dem Konzept des doublethink zusammengefasst werden kann. Doublethink bezeichnet die Fähigkeit, Erinnerungen an die Vergangenheit zu verändern und anschließend zu vergessen, dass man sie verändert hat. Man glaubt gleichzeitig zwei sich widersprechende Dinge. Um die ungleiche Machtverteilung im Staat aufrecht zu erhalten, muss die Parteiführung einen Zustand kontrollierten Wahnsinns erzeugen, in dem zwei und zwei fünf ergibt.

Nun hat Winston zwar erkannt, wie das Parteisystem funktioniert, doch noch immer nicht, warum die Partei existiert. Als er Julia schlafen sieht, fällt auch er erschöpft in tiefen Schlaf.

Stichwörter/wichtige Textstellen:

„The mutability of the past is the central tenet of Ingsoc." (S. 222)

Kapitel 10: Thought Police nimmt Winston und Julia fest

Als Winston und Julia erwachen, haben sie das Gefühl, sehr lange geschlafen zu haben. Die Proles-Frau singt wieder Lieder im Hinterhof und Winston fühlt, dass diesen Leuten die Zukunft gehört. „'We are the dead,' he said. 'We are the dead,' echoed Julia dutifully. 'You are the dead,' said an iron voice behind them." (S. 230)

Hinter dem Gemälde zeigt sich ein Telescreen

Das Gemälde fällt von der Wand und es zeigt sich ein Teleschirm. Wie ein Echo wiederholt die Stimme nun alles, was Winston und Julia sagen. Schwarz uniformierte Männer stürmen das Zimmer, einer **zerschmettert den gläsernen Briefbeschwerer** und ein weiterer versetzt Julia einen Schlag in den Bauch. Während Julia hinausgeschleppt wird, steht Winston still. Mr Charrington, plötzlich jünger, betritt das Zimmer und Winston wird klar, dass er es mit einem Mitglied der Thought Police zu tun hat.

Mr Charrington ist von der Thought Police

Stichwörter/wichtige Textstellen:

Falle; „Someone had picked up the glass paperweight from the table and smashed it to pieces on the hearth-stone." (S. 232)

Part III

Winston wird in eine hell ausgeleuchtete Zelle im Ministry of Love verfrachtet und erkennt, dass dies der von O'Brien angedeutete Ort ohne Dunkelheit ist, i. e. die Folterkammer für Abtrünnige, in der sich auch andere Gefangene befinden, bevor sie in den gefürchteten Room 101 gebracht werden. Nun erlebt er O'Brien als Folterknecht, der ihm unter permanenter brutaler Folter die Technik des doublethink beibringt, um ihn von seinen „Wahnvorstellungen" zu „heilen". Der Prozess der Wiedereingliederung in das System verläuft in verschiedenen Phasen, den Höhepunkt erlebt Winston im Room 101: Das für ihn individuell Schrecklichste, seine schlimmste Angst – hier in Form von Ratten – wird brutal ausgenutzt und als letzte Stufe zur kompletten Zerstörung seiner Individualität und seiner Wiedereingliederung in das System verwendet. Dies treibt ihn so weit, dass er seine Liebe zu Julia – und damit seinen letzten Rest Menschlichkeit – verrät. Zuletzt sind beide, Winston und Julia, systemkonform reintegriert.

Kapitel 1: Winston in Haft

Seit Stunden sitzt Winston in einer hell ausgeleuchteten, fensterlosen Zelle, wahrscheinlich im **Ministry of Love**. Er wird von vier Teleschirmen beobachtet und darf sich weder rühren, noch in irgendeiner Form äußern. Es ist nicht möglich festzustellen, ob es Tag oder Nacht ist, da die grellen Lichter nie ausgeschaltet werden. Winston versteht instinktiv: „It was the place with no darkness: ..." (S. 241).

Hin und wieder geht die Tür auf und neue Gefangene werden in die Zelle gestoßen, darunter auch Parsons. **Parsons ist von seiner siebenjährigen Tochter verraten worden**, die ihn im Schlaf Big Brother denunzieren hören hat. Es befinden sich bereits sechs Gefangene in der Zelle, als ein siebter, der offensichtlich fast vor Hunger stirbt, hereingebracht wird. Ein Mitgefangener gibt ihm aus Mitleid ein verstecktes Stück Brot, worauf ihn eine betäubende Stimme aus dem Teleschirm anschreit und Wachen in die Zelle stürmen. Den Wohltäter wird **brutal ins Gesicht geschlagen** und der ausgehungerte, panikerfüllte Gefangene wird in den gefürchteten Room 101 (S. 248) gebracht.

Gefürchteter Room 101

O'Brien kommt herein. Winston denkt, dass auch er gefangen worden ist, doch O'Brien erklärt ihm, dass dies schon vor langer Zeit geschehen sei. Winston, so O'Brien, habe gewusst, dass es so enden werde. Eine Wache schlägt Winston gewaltsam mit einem Gummiknüppel auf den Ellenbogen, worauf er sich vor Schmerzen auf dem Boden krümmt. Ihm wird klar, dass es unter Schmerzen keine Heldentaten geben kann.

O'Brien kommt zu Winston

Stichwörter/wichtige Textstellen:

„It was the place with no darkness: ...“ (S. 241); „‘You knew this, Winston,’ said O'Brien, ‘Don't deceive yourself. You did know it – you have always known it.’“ (S. 251)

Kapitel 2: Winston wird gefoltert

Als Winston aufwacht, ist er auf einem Bett festgeschnallt und Licht scheint ihm ins Gesicht. Er erkennt O'Brien und eine andere Figur, doch er hat jegliches Gefühl für Raum und Zeit verloren. Seit dem Schlag auf den Ellenbogen ist er ununterbrochen gefoltert worden, sodass er unter Schmerzen **die absurdesten Geständnisse abgelegt** hat. Er fühlt, dass O'Brien von Anfang an beteiligt gewesen

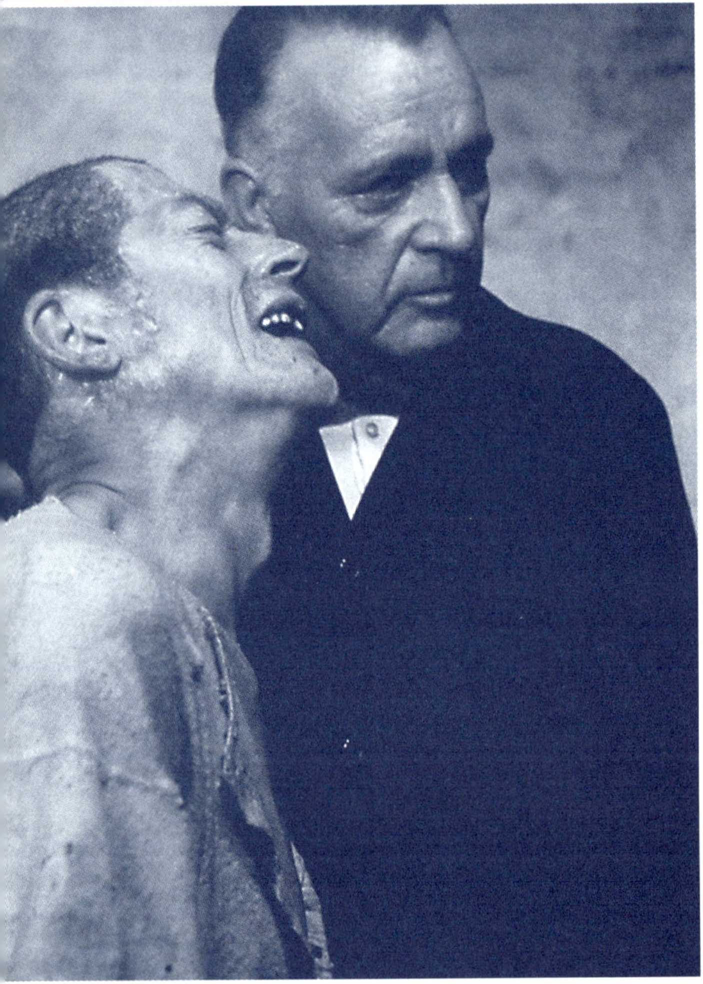

John Hurt als Winston und Richard Burton als O'Brien im Film *1984* von Michael Radford, GB 1984 © Cinetext

ist, und hält ihn sowohl für den Folterknecht als auch für einen schützenden Freund.

O'Briens Ziel ist es, Winston von seinen „Wahnvorstellungen" zu heilen. Mit einem Gerät, das durch abgestufte Schmerzwellen Todesangst verursacht, will er Winston die Technik des doublethink beibringen. Zunächst zeigt O'Brien Winston das Foto, welches er als Beweis für die Fälschung der Vergangenheit aufgefasst hat. Er wirft es in ein Gedächtnis-Loch, um Winston zu beweisen, dass es nie existiert hat. **Nicht der Einzelne, sondern die Partei bestimme die Wirklichkeit**, da nur die Partei ein kollektives und daher objektives Bewusstsein habe.

Winston soll von seinen „Wahnvorstellungen" geheilt werden

In Anlehnung an den Satz „*Freedom is the Freedom to say that two plus two make four. If that is granted, all else follows.*" (S. 84), den Winston einst in sein Tagebuch geschrieben hat, hält O'Brien ihm vier Finger seiner Hand vor die Augen und fragt Winston, wie viele er sehe. Winston sieht vier Finger. Da die Partei jedoch das Recht hat zu sagen, dass vier manchmal fünf sein kann, erhöht O'Brien die Schmerzstufe so weit, **bis Winston tatsächlich unzählige Finger sieht**. Als O'Brien das Gerät abschaltet, empfindet Winston Dankbarkeit und Liebe für seinen Peiniger. O'Brien erklärt ihm, dass die Partei Märtyrertum verhindere – Winston solle nicht bestraft, sondern geheilt werden, **am Ende müsse er den Big Brother lieben**.

Two plus two make four – or five...

Nach einem explosionsartigen Schock fühlt Winston nur noch Leere in seinem Kopf. O'Brien wiederholt den Test und Winston sieht einen Augenblick lang **tatsächlich fünf Finger**. Realitätskontrolle ist möglich. O'Brien ist zufrieden und erlaubt es Winston, einige Fragen zu stellen. Dieser erkundigt sich nach Julia und O'Brien antwortet lächelnd: „She betrayed you, Winston. Immediately – unreservedly." (S. 271) Auf die Frage nach dem Room 101 entgegnet O'Brien: „You know what is in Room 101, Winston. Everyone knows what is in Room 101." (S. 273)

Winston erkundigt sich nach Julia; O'Brien berichtet von ihrem Verrat

Stichwörter/wichtige Textstellen:

„It was O'Brien who was directing everything." (S. 256); „You are mentally deranged. You suffer from a defective memory." (S. 258); „Shall I tell you why we have brought you here? To cure you! To make you sane!" (S. 265); „What happens to you here is for ever." (S. 268); Julias angeblicher Verrat

Kapitel 3: Winstons „re-integration"

Learning – understanding – acceptance

Laut O'Brien gibt es drei Stufen zu Winstons Wiedereingliederung: **Lernen, Verstehen und Akzeptieren**. Winston ist noch immer festgeschnallt, doch die Fesseln sind lockerer. Er hat gelernt, wie die Partei handelt, und soll nun zu verstehen beginnen, warum sie auf diese Weise verfährt.

Während er Winstons naive Vermutungen mit Stromstößen bestraft, klärt O'Brien ihn über die wahren Motive der Parteiherrschaft auf. Die Partei wolle ihre Herrschaft für die Ewigkeit sichern, die **Hoffnung auf eine Rebellion der Proles sei eine Illusion, da die Partei Goldstein's Book selbst verfasst habe**. Die Partei herrsche einzig und allein in der Absicht, Macht auszuüben. Macht über Menschen auszuüben bedeute jedoch, so O'Brien, ihnen Schmerzen zuzufügen und sie zu erniedrigen, um sie beliebig formbar zu machen. Das Individuum könne somit nur noch in und durch die Partei überleben – durch die Partei könne der Mensch unsterblich werden. Die Partei kontrolliere die Wirklichkeit in dem Maße, dass sie sogar Naturgesetze verändern könne.

Winston fühlt sich moralisch überlegen

Winston widerspricht, da er noch immer an unzerstörbare Anlagen im Menschen glaubt. Er fühlt sich O'Brien moralisch überlegen: Doch O'Brien erinnert ihn an seine eigenen Treueschwüre gegenüber der Brotherhood. Daraufhin lässt O'Brien Winston in den Spiegel schauen und sein durch die langen Misshandlungen entstelltes Wesen betrachten. Winston ist entsetzt – **er ist fast glatzköpfig, sein Krampfadergeschwür ist eine entzündete Masse verfaulten Fleisches**. O'Brien zieht ihm mit der Hand einen Zahn heraus und verhöhnt ihn: „That is the last man. If you are human, that is humanity." (S. 285)

Winstons Selbstbewusstsein ist zerstört, er bricht zusammen und weint jämmerlich. Nur der Gedanke, Julia nicht verraten zu haben, tröstet ihn noch. O'Brien bestätigt dieses. Seine Hinrichtung werde erst „nach seiner Heilung" stattfinden.

Winston: „I have not betrayed Julia ..."

Stichwörter/wichtige Textstellen:

Drei Etappen der Umschulung: Lernen, Verstehen, Akzeptieren (S. 273); O'Brien verfasste Goldstein's Book; Winstons Spiegelbild: „'You are the last men', said O'Brien. 'You are the guardian of the human spirit.' (...) A bowed, grey-coloured skeleton-like thing (...)." (S. 283 f.); „Everyone is cured sooner or later. In the end we shall shoot you." (S. 287)

Kapitel 4: Winstons Zerstörung – der letzte Schritt

Winston ist seit einiger Zeit in eine angenehmere Zelle verlegt und gut versorgt worden. Er schläft viel und träumt vom Golden Country und von Julia. Nach und nach erholt er sich von den Torturen. Als er wieder soweit ist, seinen Intellekt zu nutzen, erkennt er, dass sein Rebellionsversuch gegen die Partei falsch gewesen ist. Er übt doublethink und schreibt **„FREEDOM IS SLAVERY"**, **„TWO AND TWO MAKE FIVE"** und zuletzt **„GOD IS POWER"** (S. 290).

Winston übt doublethink

Trotz seiner Fortschritte haben sich seine Gefühle nicht verändert. Er träumt **von Julia und fühlt eine tiefe Liebe** zu ihr. Er denkt an seine Hinrichtung und daran, dass sein letzter Gedanke Hass wäre, womit die Partei gescheitert wäre.

Winstons Gefühle für Big Brother: „I hate him"

O'Brien kommt herein und wirft ihm Betrug vor, er fordert eine wahre Auskunft über Winstons Gefühle gegenüber Big Brother. „I hate him", lautet Winstons Antwort (S. 295). Somit ist es Zeit für den letzten Schritt der Wiedereingliederungsmaßnahmen: **Akzeptieren**. „You must love Big Brother. It is not enough to obey him: you must love him." O'Brien lässt ihn in den Room 101 führen.

Stichwörter/wichtige Textstellen:

„To die hating them, that was freedom." (S. 294)

Kapitel 5: Winston in Room 101

Im Room 101 ist Winston auf einem Stuhl festgeschnallt. Er spürt, dass sich der Raum weit unten in den Katakomben des Ministry of Love befindet. O'Brien erklärt ihm, dass der Room 101 das Schrecklichste sei, was Winston sich vorstellen könne.

Winstons individuelle Angst vor Ratten

Eine Wache stellt einen der Länge nach zweigeteilten Käfig auf den Tisch. Am Ende des Käfigs ist eine Maske angebracht, die dem Gesicht des Opfers aufgesetzt wird, in jeder Kammer des Käfigs sitzt eine Ratte. Wenn die Kammertüren aufgemacht werden, **gelangen die Ratten an das Gesicht**. „'The worst thing in the world,' said O'Brien, 'varies from individual to individual.'"(S. 296) Für Winston seien es Ratten, fährt O'Brien fort. Das Entsetzliche, was sich hinter der Wand aus Dunkelheit in Winstons Traum verborgen habe, seien Ratten gewesen. **Bestimmte Ängste könne man nicht kontrollieren**.

Winston verrät Julia als letzten Ausweg

Nachdem O'Brien dem panikerfüllten Winston detailliert beschrieben hat, zu welchen Grausamkeiten Ratten fähig sind, befestigt er den Käfig an Winstons Kopf. Dieser schreit und wird fast ohnmächtig. Wahnsinnig vor Angst sieht er nur noch den Ausweg, **eine andere Person zwischen sich und die Ratten zu stellen**. „Do it to Julia! Do it to Julia! Not me! Julia! I don't care what you do to her. Tear her face off, strip her to the bones. Not me! Julia! Not me!", (S. 300) bricht es aus ihm heraus. Er hört ein Klicken und weiß, dass die Käfigtür geschlossen worden ist. Er hat sich selbst gerettet, indem er sein tiefstes Gefühl betrogen hat.

Stichwörter/wichtige Textstellen:

Room 101, Käfig, Ratten (S. 295 ff.); Winstons Verrat (S. 300)

Kapitel 6: Winstons Leben in „Freiheit"

Winston kann Verrat an Julia nicht vergessen

Winston ist freigelassen worden und verbringt seine Zeit – wie die anderen „Verräter" vor ihm – im **Café Kastanienbaum**. Hier spielt er Schach, liest die *Times* und trinkt, trotz Abscheu, Victory Gin. Gelegentlich arbeitet er in einer Unterabteilung des Ministeriums, die aus Leuten wie ihm gebildet wird. Oceania befindet sich (wie seit Ewigkeiten) im Krieg gegen **Eurasia**, und während Winston auf eine Bekanntgabe über den Teleschirm wartet, malt er 2 + 2 = 5 in den Staub auf den Tisch (S. 303). Er denkt an Julia. „They can't get inside you", hatte sie einst zu ihm gesagt (S. 174), aber sie lag falsch. Winston weiß, dass er den **Verrat seines Gefühls für Julia** nie mehr vergessen kann. Er erinnert sich, Julia an einem frostigen Märztag in einem Park getroffen zu haben. Ohne Reue hat sie ihren Verrat gestanden. Danach haben sich ihre Wege getrennt.

Winston liebt Big Brother

Als aus dem Teleschirm das Lied *„Under the spreading chestnut tree / I sold you and you sold me"* ertönt (S. 307), steigen Winston Tränen in die Augen. Kindheitserinnerungen tauchen auf, doch er verdrängt sie aus seinem Gedächtnis und entscheidet, dass sie falsch sind. Die Bekanntmachung erfolgt, Oceania habe einen entscheidenden Sieg errungen. Winston schaut durch das Fenster auf ein Plakat von **Big Brother und fühlt Rührung und Dankbarkeit**. Er träumt von seinem nahen Tod, denn er erkennt, dass er „geheilt“ worden ist: „He had won the victory over himself. He loved Big Brother.“ (S. 311)

Stichwörter/wichtige Textstellen:

„Winston, sitting in a blissful dream, (...) walking down the white-tiled corridor, with the feeling of walking in sunlight, and an armed guard at his back. The long-hoped-for bullet was entering his brain.“ (S. 311)

Appendix: Kleine Grammatik von Newspeak

Newspeak: Vokabelklasse A, B und C und vereinfachte Grammatik

Im Appendix wird die elfte und letzte Ausgabe des Newspeak Wörterbuches analysiert. Durch Newspeak sollen Gedanken und deren Formulierungen nur noch in der Ingsoc-Ideologie möglich sein. Dieses bedeutet die **Verringerung des Wortschatzes** und die Festlegung eines mehrdeutigen Wortes auf einen einzigen Sinn. Die Wörter sind in drei Vokabelklassen – A, B und C – aufgeteilt worden, während die Grammatik radikal vereinfacht worden ist. Der Klang der Wörter ist verändert worden, so dass der Sprecher fähig ist, Sätze monoton herunterzurasseln, was als „duckspeak“ bezeichnet wird.

Stichwörter/wichtige Textstellen:

„When Oldspeak had been once and for all superseded, the last link with the past would have been severed.“ (S. 324)

3.3 Aufbau

ZUSAMMEN-FASSUNG

Orwells Roman *1984* wird als utopischer Staatsroman (Utopie/Dystopie) gesehen, der u. a. mittels satirischer Elemente Kritik an gesellschaftlicher und politischer Wirklichkeit übt. *Nineteen Eighty-Four* ist von Orwell in drei Teilen aufgebaut:

→ **Part I:** unangepasster Protagonist Winston, Welt und System Oceanias
→ **Part II:** Liebesverhältnis Winston und Julia – Auflehnung, Widerstand, Gefangennahme
→ **Part III:** Folter, „Umerziehung" Winstons – Kapitulation, zerstörte Individualität, Anpassung

Utopie und Anti-Utopie/Dystopie

Vor einer Analyse der Romankomposition in ihren einzelnen Aspekten sollen hier kurz die wichtigsten **Wesensmerkmale der Utopie und des utopischen Staatsromans** dargestellt werden, da die Wahl des Genres einen didaktischen Anspruch des Werkes impliziert[12].

Utopia (1516) von Thomas Morus

„Utopie" bedeutet wörtlich übersetzt „Nicht-Ort" und geht auf Thomas Morus' Schrift *Utopia* (1516) zurück, in welcher der Begriff den Ort für die fiktive Insel eines nach dem Vorbild von Platons *Politeia* (dt. *Staat*, 4. Jh. v. Chr.) entworfenen Idealstaates bezeichnet. Die Utopie ist ein geschichtlich verankerter philosophischer oder literarischer Gegenentwurf zu einer als mangelhaft empfundenen Realität, woraus sich ihr **Appellcharakter** als wichtiges Wesensmerkmal ableiten lässt.

---

12 Vgl. Schemmann, Michael: *Imperialismus im Werk George Orwells*. Frankfurt am Main: Peter Lang, 1999, S. 181.

Utopie oder Dystopie?

Der literarische Typus der Utopie gilt als Form des **utopischen Staatsromans**. Dieser erweitert den Begriff **Utopie** und umfasst sowohl den in Erzählform konstruierten **Idealzustand** sozialer, politischer und wirtschaftlicher Verhältnisse als auch das aus gesellschaftlichen Fehlentwicklungen weiterentwickelte **Negativbild** einer künftigen Welt, die **Anti-Utopie (Dystopie)**. Ein konstitutives Merkmal des utopischen Staatsromans, das sich bei Orwells *Nineteen Eighty-Four* deutlich erkennen lässt, ist die Spannung zwischen dem utopischen Entwurf und der impliziten, durch **satirische Elemente** hervorgerufenen Kritik an der gesellschaftlichen Wirklichkeit[13].

Zwar scheint die Zusammenfassung von idealen und pessimistischen Zukunftsentwürfen unter dem Begriff utopischer Staatsroman befremdlich, doch beide teilen das entscheidende Wesensmerkmal:

> „So wie die Utopien vom besten Staatsmodell auch satirisch die eigene Zeit angreifen, sie gegenüber schlechten gesellschaftlichen Verhältnissen das Ideal ausmalen, so prangern die Negativutopien, Dystopien oder Warnutopien in satirischer Vergröberung die eigene Zeit von ihrem nicht ausgeführten Konzept einer besseren Welt her an.“[14]

Kompositionsstruktur

Part I: Die Welt in Oceania

George Orwells utopischer Roman gliedert sich in **drei Hauptteile**, die den **drei großen Verlaufsphasen** der Handlung entsprechen. Im **ersten Teil (Part I)**, unterteilt in acht Kapitel, wird dem Leser die

13 Vgl. Schweikle, Günther u. Irmgard (Hg.): *Metzler Literatur Lexikon. Begriffe und Definitionen*. Stuttgart: J. B. Metzlersche Verlagsbuchhandlung, 1990, S. 481–482, 440–441.
14 Gnüg, Hiltrud: *Utopie und utopischer Roman*. Stuttgart: Philipp Reclam jun., 1999, S. 19.

Welt des Jahres *1984* vorgestellt. Durch die Wahl einer subjektiven, personalen Erzählperspektive (vgl. Kapitel 3.6) aus dem Bewusstseinshorizont des Protagonisten Winston Smith erschließen sich dem Leser die politischen und sozialen Zustände in Oceania – die Rolle der regierenden Partei Ingsoc mit ihrem unsichtbaren, allgegenwärtigen Führer Big Brother und die alltägliche Arbeits- und Lebenswelt des Protagonisten als Mitglied der Outer Party.

Part II: Liebesgeschichte zwischen Winston und Julia

Im **zweiten Teil** (Part II, zehn Kapitel) steht die **Liebesgeschichte zwischen Winston und Julia** im Mittelpunkt der Handlung. Der Protagonist erlebt diese Liebesbeziehung als etwas Unerwartetes, Wunderbares und zugleich als anarchischen **Akt der Auflehnung** gegenüber dem Parteiapparat, der systematisch Individualität und Lebenslust zu zerstören sucht. Durch seine Erlebnisse, Wahrnehmungen und Reflexionen steigert sich Winstons Bewusstsein für das skrupellose, totalitäre System und er entwickelt zunehmend einen Drang zur Auflehnung und zum Widerstand gegen die allgegenwärtige Parteienherrschaft. Winston und Julia betrachten ihre geheime Liebe als Verschwörung gegen die Partei und suchen schließlich in O'Brien, einem Mitglied der Inner Party, einen Verbindungsmann zu der geheimnisvollen Untergrundorganisation **Brotherhood**.

Part II/X Wendung: Winston und Julia werden verhaftet

Im **zehnten Kapitel** des zweiten Teils stellt sich jedoch heraus, das O'Brien dem Liebespaar eine Falle gestellt hat, und sie werden nach einer kurzen Phase des Glücks festgenommen. Der Moment, in dem Winston und Julia in Bezug auf die singende **Proles**-Frau feststellen: „We are the dead“ (S. 230) und plötzlich eine eiserne Stimme aus dem hinter einem Bild versteckten **Teleschirm** die Aussage wiederholt: „You are the dead“ (S. 230), stellt den **ersten Höhepunkt** der Handlung **(Klimax)** dar.

ROMAN-AUFBAU *1984*

Part I
Exposition

Kapitel 1–8

Protagonist Winston Smith (unangepasst/konditioniert)

Welt in Oceania
→ Politik und Partei
→ Gesellschaft

→

Kapitel 10:
Höhepunkt 1

Part II
Widerstand

Kapitel 1–10

Liebesverhältnis Winston/Julia endet mit Gefangennahme

→

Kapitel 5:
Höhepunkt 2

Part III
Kapitulation

Kapitel 1–6

→ Folter und Umerziehung Winstons durch O'Brien (Kapitel 1–4)
→ Kapitulation und zerstörte Individualität (Kapitel 5)
→ Anpassung von Winston (Kapitel 6)

Part III:
Umerziehung
Winstons

Im **dritten Teil (Part III)**, unterteilt in sechs Kapitel, wird Winstons Strafe der „Umerziehung" in der Apparatur des Ministry of Love dargestellt. In den Händen von O'Brien unterliegt Winston **brutalen und sadistischen Foltermethoden**, durch die sein Verstand und seine Individualität systematisch vernichtet werden. Aus der Perspektive des Protagonisten erlebt der Leser detailliert die verschiedenen Foltermethoden, deren Brutalität kontinuierlich zunimmt, bis Winston im fünften Kapitel, dem zweiten Höhepunkt (Klimax) der Handlung, seinen ultimativen Horror im Room 101 erlebt (S. 295 ff.). Indem er Julia verrät, **wird sein menschliches Selbstwertgefühl komplett zerstört** und O'Brien erreicht den erstrebten „heilenden" Effekt – Winstons Liebe zum Big Brother und somit bedingungslose Anpassung an das Regime.

Horror im
Room 101

System Oceania

Hierarchische Gesellschaftsstruktur

Inner Party, Outer Party, Proles und kolonialisierte Völker

Die **Gesellschaft des Staates Oceania** ist in vier verschiedene Schichten unterteilt und streng hierarchisch gegliedert. Die gesellschaftliche Elite und politischen Machthaber (2% der Gesamtbevölkerung) stellen die Mitglieder der Inner (Ingsoc-)Party dar, an deren Spitze der allgegenwärtige Big Brother steht. Auf der nächstniedrigen Hierarchiestufe befinden sich die Mitglieder der **Outer Party** (13%), die in den ausführenden Instanzen des Parteiapparates tätig sind und somit ausschließlich exekutive Funktion besitzen. Auf der darunter liegenden Stufe befindet sich mit 85% der größte Bevölkerungsteil, die **Proles**. In ihrem Wert gleichgestellt mit Tieren, erledigen sie ohne Ausnahme körperliche Arbeiten. Auf der letzten Stufe der Bevölkerung befinden sich die **kolonisierten Völker**, um welche die drei Großstaaten ununterbrochen kämpfen (S. 193 f.). Sie machen ungefähr ein Fünftel der gesamten Weltbevölkerung aus und da sie nie von einem einzigen Staat beherrscht werden, variiert ihre Anzahl im Staat **Oceania** je nach beherrschtem Gebiet.

Ideologische Konditionierung der Bürger

Der Staat **Oceania ist kein Gesetzesstaat**. Die Herrschaft der Ingsoc-Partei ist rechtlich völlig ungebunden und basiert allein auf der Indoktrination der **Ingsoc-Ideologie**. Es gibt keine gesetzlichen Verbote, da die Bürger Oceanias ideologisch konditioniert sind, durch aufoktroyiertes Reflexverhalten sollen gefährliche Gedanken und Handlungen von vornherein unmöglich gemacht werden (S. 220). Während Winstons „Heilungsprozesses" erklärt O'Brien ihm die Ziele der totalitären Parteiherrschaft, die weder Reichtum noch Glück seien. Die Partei strebe die **Macht lediglich um der Macht willen** an, Macht sei kein Mittel, sondern Endzweck:

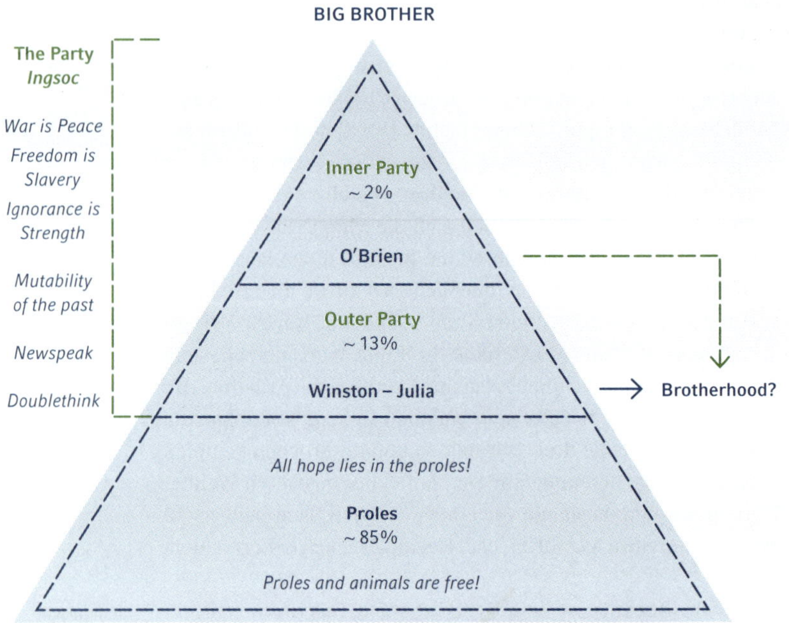

„The party seeks power entirely for its own sake. We are not interested in the good of others; we are interested solely in power. Not wealth or luxury or long life or happiness: only power, pure power. (…) We are the priests of power (…) God is power. (…) We make the laws of Nature.“ (S. 275–277)

„At the apex of the pyramid comes Big Brother. Big Brother is infallible and all-powerful. (…) Below Big Brother comes the Inner Party, its numbers limited to six millions, or something less than two percent of the population of Oceania. Below the

Inner Party comes the Outer Party, which, if the Inner Party is described as the brain of the State, may be justly likened to the hands. Below that come the dumb masses whom we habitually refer to as 'the proles', numbering perhaps eighty-five per cent of the population. In the terms of our earlier classification, the proles are the Low: for the slave populations of the equatorial lands, who pass constantly from conqueror to conqueror, are not a permanent or necessary part of the structure." (S. 216–217)

Herrschaftsinstrumente

Überwachungs-Maschinerie: Thought Police, telescreens und Bespitzelung

Um ihren absoluten und unangreifbaren Machtapparat zu sichern, hat die **Ingsoc-Partei** eine unfehlbare **Überwachungsmaschinerie** entwickelt:

→ **Thought Police** als oberste Überwachungsinstanz, die alle Formen von **thoughtcrime** aufspürt
→ überall angebrachte, nicht abstellbare **Teleschirme (telescreen)**, die zugleich Aufnahme- und Sendegeräte sind
→ **Bespitzelung** durch Mitbürger (und Kinder).

Die Mitglieder der **Outer Party** stehen in allen Lebensbereichen unter permanenter Kontrolle, geringste Abweichungen von dem parteiideologischen Verhaltenskodex werden umgehend bestraft:

„A Party member lives from birth to death under the eye of the Thought Police. Even when he is alone he can never be sure that he is alone. Wherever he may be, asleep or awake, working or resting, in his bath or in bed, he can be inspected without warning and without knowing that he is being inspected. Nothing that he does is indifferent. His friendship, his relaxations, his behaviour towards his wife and children, the expression of his face when he is alone, the words he mutters in sleep, even the characteristic movements of his body, are all jealously scrutinised." (S. 219)

Vaporisierung: komplette Ausradierung aus der Geschichte

Die unumgehbare Strafe für thoughtcrime ist nicht nur der Tod des „Täters", sondern seine **„Vaporisierung"** – seine komplette Ausradierung aus der Geschichte („You were abolished, annihilated: vaporised was the usual word." S. 21). Um Gedanken von vorneherein zu kontrollieren und der **Ignsoc**-Ideologie gerecht zu formen, gibt es verschiedene **„Erziehungsinstitutionen"**, welche die Parteimitglieder von Kindheit an durchlaufen (Junior Anti-Sex League, Youth League, Spies), sowie gesellschaftliche Einrichtungen (Sports Commitee, Community Centre etc.).

Newspeak: Kommunikation in der Ingsoc-Ideologie

Neben der Überwachungsmaschinerie gibt es drei weitere zentrale Konzepte der Ideologie von Ingsoc: **Newspeak, doublethink und mutability of the past.** Newspeak ist die offizielle Sprache in Oceania, deren endgültige Einführung jedoch erst für das Jahr 2050 angekündigt wird. Durch Newspeak sollen Gedanken und deren Formulierungen nur noch in der Ingsoc-Ideologie möglich sein, womit individuelles Denken unmöglich gemacht wird (vgl. auch Kapitel 3.6). Die Hauptbestandteile dieser Sprache sind drei unterschiedliche Vokabularkategorien. Die **A-Kategorie** umfasst das Alltagsvokabular, das sich auf Handlungsbeschreibungen wie Essen und Schlafen beschränkt und somit tiefgründige Gespräche unmöglich macht (S. 313 ff.). Die **B-Kategorie** besteht aus Komposita, die für den politischen Gebrauch entwickelt worden sind und das systemkonforme Denken unterstützen. Im Sinne der Ingsoc-Ideologie werden im Rahmen dieser Kategorie bestimmte Wörter, wie Gerechtigkeit oder Moral, eliminiert und dafür neue, der „neuen Realität" entsprechende Begriffe hinzugefügt (S. 316 ff.). Die **C-Kategorie** umfasst technisch-wissenschaftliches Vokabular (S. 322 ff.). Die Grammatik ist radikal vereinfacht worden. Newspeak ist das Mittel der Machtausübenden, ein neues Denken – goodthink – zu etablieren und zu kontrollieren. Die Partei sichert ihr Herrschaftssystem, da sie durch Newspeak die Kontrolle über das Ideengut der

Menschen hat – Auflehnung gegen das System ist unmöglich, da sie nicht einmal mehr „gedacht" werden kann. In diesem Sinne ist die Parteiparole „Ignorance is Strength" (S. 192) zu verstehen.

Durch die **Technik des doublethink** setzt die Partei die Gesetze der Logik außer Kraft und rechtfertigt und erhält die Widersprüchlichkeit ihres Systems. **Doublethink** bedeutet:

Doublethink: „to know and not to know"

> „To know and not to know, to be conscious of complete truthfulness while telling carefully-constructed lies, to hold simultaneously two opinions which cancelled out, knowing them to be contradictory and believing in both of them; to use logic against logic, to repudiate morality while laying claim to it, to believe that democracy was impossible and that the Party was the guardian of democracy; to forget whatever it was necessary to forget, then to draw it back into memory again at the moment when it was needed, and then promptly to forget it again: and above all, to apply the same process to the process itself. That was the ultimate subtlety: consciously to induce unconsciousness, and then, once again, to become unconscious of the act of hypnosis you had just performed. Even to understand the word 'doublethink' involved the use of doublethink." (S. 37 f.)

Die Namensgebung der vier Ministerien ist ein augenscheinliches Beispiel für **doublethink** – das Ministry of Peace beschäftigt sich mit Krieg und das Ministry of Love mit Folter. Die Vereinigung von Widersprüchen durch doublethink ist ein notwendiges Mittel zur Machterhaltung („... if the High, as we have called them, are to keep their places permanently – then the prevailing mental condition must be controlled insanity." S. 225) und zerstört das Bewusstsein der Menschen für Recht oder Unrecht, Wahrheit oder Lüge.

Vereinigung von Widersprüchen dient der Machterhaltung

Zerstörung von Geschichte, Identität und Individualität

„Who controls the past, (...) controls the future: who controls the present controls the past" (S. 37), lautet die Parteiparole und auch das **Prinzip der mutability of the past**. Durch die Zerstörung der Geschichte, d. h. sowohl persönlicher Erinnerungen als auch sämtlicher historischer Quellen, zerstört die Partei Identität und Individualität sowie jegliche Vergleichsmaßstäbe für eine Beurteilung des Regimes. Als Herrschaftsinstrument ist die mutability of the past die

> „central tenet of Ingsoc. Past events, it is argued, have no objective existence, but survive only in written records and in human memories. (...) And since the Party is in full control of all records, and in equally full control of the minds of its members, it follows that the past is whatever the Party chooses to make it". (S. 222)

Partei beherrscht die Vergangenheit

Das Beherrschen der Vergangenheit gelingt der Partei deshalb, da Subjekte, die jemals gegen die Ideologie verstoßen haben, nicht nur getötet, sondern ganz aus der Geschichte ausgelöscht werden. Bevor ein Oppositioneller jedoch zur Unperson wird, benutzt das Regime **brutale Foltermethoden**, um Geständnisse zu erpressen und ihn ideologiegetreu umzuformen.

Nicht nur durch die Beseitigung von Vergleichsmaßstäben und durch Gedankenkontrolle sichert die Partei ihren Machtapparat, sondern auch durch **permanente Kriegsführung**.

Sicherung des inneren Friedens durch permanente Kriegsführung nach außen

Nach den Prinzipien des doublethink kommt dem Krieg eine bedeutende Funktion zu, die **Sicherung des inneren Friedens – War is Peace –**, so lautet die Parole. Um eine Erhöhung des Lebensstandards und die daraus resultierende Emanzipation der großen Bevölkerungsteile zu verhindern, dient der Krieg zur permanenten Wertvernichtung:

> „The essential act of war is destruction, not necessarily of human lives, but of the products of human labour. War is a way of shattering to pieces, or pouring into the stratosphere, or sinking in the depths of the sea, materials which might otherwise be used to make the masses too comfortable, and hence, in the long run, too intelligent. Even when weapons of war are not actually destroyed, their manufacture is still a convenient way of expending labour power without producing anything that can be consumed." (S. 198 f.)

Goldstein's Book und der Appendix

Strukturelle und inhaltliche Funktion von Goldstein's Book und Appendix

Die Einbettung der **Auszüge aus Goldstein's Book**, einer Art wissenschaftlicher Abhandlung über die drei zentralen Säulen der Herrschaft der Partei – Ignorance is Strength, Freedom is Slavery und War is Peace – hat sowohl inhaltliche als auch strukturelle Funktion. Der Verfasser betitelt diese kommentierte Analyse des bestehenden Regimes mit **„THE THEORY AND PRACTICE OF OLIGARCHICAL COLLECTIVISM"** (S. 191), wodurch er dem Herrschaftssystem in der Welt von *1984* einen Namen gibt. Der „Kollektivismus" bezeichnet eine Weltanschauung, in welcher der Einzelmensch nur noch als unselbstständiges Glied der Gesellschaft betrachtet und letztendlich verneint wird. Gesellschaftliche Gliederungen werden aufgehoben, Privateigentum und Selbstständigkeit abgeschafft, sowie persönliche Arbeit durch Gruppenarbeit ersetzt. „Oligarchie" bezeichnet die mit Missständen verbundene Herrschaft einer kleinen Gruppe. Das totalitäre Parteiregime mit seinem Herrschaftsapparat wird somit durch diese auszugsweise Abhandlung aus einer **„fachlichen" Perspektive** heraus beschrieben.

Retardierende Funktion durch Goldstein's Book

Goldstein's Book „ordnet" den „monologue" des Protagonisten (S. 10) und fasst, von der Funktion des Krieges bis hin zu der perfektionierten Manipulationsmaschinerie, die wichtigsten Systemmerkmale zusammen. Im Kontext der Romankomposition ist festzuhalten, dass Winstons Lektüre der Abhandlung nach seinem (und Julias) vermeintlichen Eintritt in die Brotherhood (Kapitel VIII) und vor seiner Gefangennahme durch die Thought Police (Kapitel X) stattfindet. Diese längere Lektürephase (S. 191–226) **unterbricht den Handlungsverlauf** und verstärkt auf Seiten des Protagonisten das Gefühl der Sicherheit und der Errettung durch die Brotherhood, womit der Lektürephase deutlich **retardierende Funktion** zukommt. Die plötzlich einbrechende Katastrophe der Festnahme wird durch Winstons Erkenntnis, dass sowohl die **Brotherhood als auch Goldstein's Book von der Partei erfunden worden** sind, verstärkt.

Appendix: satirische Erweiterung

Der **Anhang** über „**The Principles of Newspeak**" (S. 312) ist ebenfalls im Stil einer fachlichen Abhandlung geschrieben und stellt eine vom Verfasser angeführte Erläuterung der Ziele, der Entwicklungsgeschichte und der Strukturmerkmale von **Newspeak** dar. Da der Leser auch im Laufe der Romanhandlung über Newspeak aufgeklärt wird (S. 53 ff.), ist der Anhang als **Rückblick** auf das Thema Newspeak und gleichzeitig als **satirische Erweiterung** zu verstehen, durch die der Autor Entwicklungstendenzen seiner Zeit kritisiert. Hierfür ist das häufige Aufkommen von Abkürzungen unter totalitären Regimen und Organisationen ein Beispiel („Nazi, Gestapo, Comintern, Agitprop" S. 320), ebenso wie die Reduktion von Bezeichnungen auf groteske Abkürzungen, die den tatsächlichen Charakter des so Bezeichneten entlarven (Minitrue für Ministry of Truth). Am Beispiel der „ideologischen Übersetzung" von „vorrevolutionärer Literatur" in **Newspeak**, wobei sowohl Sinn als auch Sprache verändert werden, **entlarvt** der Erzähler **auf satirische Weise die Scheinheiligkeit der Gesellschaft**. Als Beispiel fügt er

Kritik an Abkürzungen

eine „wellknown passage“ aus der amerikanischen Unabhängigkeitserklärung an:

> „*We hold these truths to be self-evident, that all men are created equal, that they are endowed by their Creator with certain unalienable Rights, that along these are Life, Liberty and the pursuit of Happiness. That to secure these rights, Governments are instituted among Men, deriving their just powers from the consent of the governed. (...)* It would have been quite impossible to render this into Newspeak while keeping to the sense of the original. The nearest one could come to doing so would be to swallow the whole passage up in the single word *crimethink*.“ (S. 325)

Weitere für den Aufbau von *1984* wichtige **Symbole und Leitmotive** und deren Wirkungsweise finden sich in Kapitel 3.6.

Vgl. Kapitel 3.6

	Teil I **Kapitel 1–8**	Teil II **Kapitel 1–10**	Teil III **Kapitel 1–6**	**Appendix**
INHALT	1. Winston, Tagebuch, Mädchen, O'Brien	1. Liebesbotschaft	1. Winstons Zelle, O'Brien = Folterer	Abhandlung über *The Principles of Newspeak*
	2. Parsons, *Ort ohne Dunkelheit*	2. Winston, Julia; *Golden Country*	2. Folter, 2 + 2 = 5, Julias Verrat	
	3. Vergangenheit, *Golden Country*	3. Kirchtum, Parteiideologie	3. *Learning*, *The last Man*	
	4. Fälschung der Vergangenheit	4. Liebesversteck	4. Erholung, *Understanding*	
	5. *Newspeak*	5. *Hate Week*, Liebesversteck	5. *Room 101*, Winstons Verrat, 2. Höhepunkt	
	6. Parteiideologie	6. O'Briens Einladung	6. *Acceptance*, Winston liebt *Big Brother*	
	7. *Proles*, 2 + 2 = 4	7. Vergangenheit, *Proles*, Treueschwur		
	8. *Paperweight*, Kinderreim	8. Eintritt in die *Brotherhood*		
		9. *Goldstein's Book*		
		10. Die Falle, Gefangennahme, 1. Höhepunkt		
THEMA	Exposition: Isolation und Auflehnung	Widerstand	Kapitulation	Sprache und Macht
ZEIT	April 1984	Mai–Juni 1984	Verlust des Zeitgefühls bis März 1985	Rückblick aus imaginärer Zukunft

3.4 Personenkonstellation und Charakteristiken

ZUSAMMEN-FASSUNG

Die Personenanzahl in *1984* ist überschaubar.
Hauptfiguren sind

Winston Smith:
→ unangepasster „Held"
→ versucht sich gegen das System zu wehren
→ seine Individualität wird am Ende zerstört

Julia:
→ lebendige Geliebte Winstons
→ Parallel-/Kontrastfigur zu Winston

O'Brien:
→ Gegenspieler zu Winston
→ verkörpert das brutale, Individuen vernichtende System der Partei in Oceania

Nebenfiguren wie **Syme, Parsons, Ampleforth, Mr Carrington – oder auch Goldstein und Big Brother –** veranschaulichen das System der Partei und dessen zerstörerische Auswirkungen.

Winston Smith

Gleich zu Beginn des Romans erhält der Leser einen ersten Eindruck des Protagonisten Winston Smith. Er wohnt in einer Wohnung des Victory-Blocks, ist **neununddreißig Jahre** alt und hat über dem

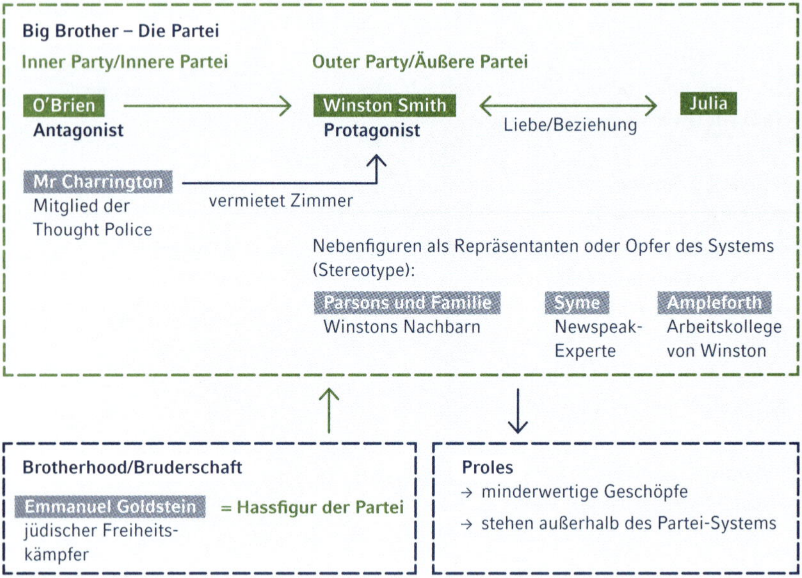

rechten Fußknöchel ein Krampfader-Geschwür. Des Weiteren wird er beschrieben als

> „a smallish, frail figure, the meagreness of his body merely emphasised by the blue overalls which were the uniform of the Party. His hair was very fair, his face naturally sanguine, his skin roughened by coarse soap and blunt razor blades and the cold of the winter that had just ended“. (S. 4)

Fragmentarische Kindheitserinnerungen und gescheiterte Ehe mit Katharine

An seine Kindheit kann er sich kaum erinnern (S. 5) und erst im Laufe des Romans erfährt man, dass er verheiratet war. Da seine Ehefrau Katharine jedoch vollständig der Parteidoktrin unterlag und Sexualität als „Dienst" für die Partei ansah, zerbrach die Ehe (S. 69). Bis zu seiner „Umerziehung" durch die brutalen Foltermethoden O'Briens im Ministry of Love im letzten Teil des Romans verabscheut Winston seine Umgebung, das vom Krieg gezeichnete, heruntergekommene London, in dem er als **Mitglied der Outer Party** unter ständiger Beobachtung steht und seine individuelle Persönlichkeit verstecken muss (S. 5 f.). Winston empfindet sich als **einzelnes, hilfloses Individuum** der allmächtigen Parteimaschinerie gegenübergestellt und aus seiner verzweifelten Isolation heraus hofft er, Rückhalt in der Vergangenheit zu finden (S. 63 f.).

In einem alten Buch legt er ein **Tagebuch** an, um seine systemkritischen Überlegungen und fetzenhaften Erinnerungen als ein Gegengewicht zu seiner uniformen, leblosen Umwelt und der herrschenden Partei festzuhalten (S. 8 ff.). Ein Akt der Verzweiflung, da ihm bewusst ist, dass er hiermit ein Verbrechen begeht und früher oder später von der **Thought Police** aufgespürt und **vaporisiert** werden wird (S. 8).

Neuer Lebenswille durch die Liebe zu Julia

Als Winston Julias Liebesbotschaft erhält (S. 113), fühlt er in seiner hoffnungslosen Situation **neuen Lebenswillen** und bereut seine unüberlegte Risikobereitschaft (S. 115). Das intime Liebesverhältnis zwischen Winston und Julia hilft dem Protagonisten, seine Erinnerungen zu ordnen und sich mit seiner Vergangenheit zu versöhnen. Das Gefühl der Liebe bringt ihm in einem Traum die vollständige Erinnerung an Mutter und Schwester und somit an familiäre Wärme und Menschlichkeit zurück (S. 167 f.). Durch dieses neu erwachte Bewusstsein, eine Vergangenheit zu besitzen, bessert sich sowohl sein psychischer als auch sein physischer Zustand (vgl. Krampfadergeschwür Kapitel 3.6) und sein **Wille zum Wider-**

stand gegen die Partei wächst, weshalb Winston auch nicht in der Lage ist, seine Liebesbeziehung vom Politischen freizuhalten (S. 133).

O'Brien und die Brotherhood

Winstons Vorstellung von O'Brien als einem Oppositionellen der Untergrundorganisation **Brotherhood** basiert auf einem vagen Eindruck (S. 13), und auch während seines vermeintlichen Beitritts in die Brotherhood verlässt er sich darauf und handelt aus übereifrigem Tatendrang heraus. So schwört er beispielsweise aus purem Hass gegenüber der Partei, der Organisation zu dienen, selbst wenn er dabei **Verbrechen an Unschuldigen** begehen müsse (S. 179). Hierbei erweist sich seine Hingabe an die imaginäre Opposition als ebenso total wie die, welche die Partei für sich verlangt.

Verzweifeltes Festhalten an seinen Wertvorstellungen

Nach der Festnahme in seinem Versteck hat Winston erkannt, dass ihm eine Falle gestellt worden ist. Obwohl er zuvor in Betracht gezogen hat, dass O'Brien auch ein „Feind" sein könne, vertraut er auf naive Weise noch immer auf ihn (S. 241) und hofft auf dessen Hilfe. O'Brien erinnert Winston jedoch daran, dass er eigentlich immer gewusst habe, einst gefasst zu werden (S. 251). Während seiner **Folter** versucht Winston verzweifelt an seinen Wertvorstellungen festzuhalten, so wie er sie einst in einem Tagebucheintrag schriftlich festgehalten hat: „**Freedom is the freedom to say that two plus two make four.**" (S. 84) Noch immer glaubt er an das „**Menschsein**", worauf ihm O'Brien seine gegenwärtige „Nicht-Existenz" vor Augen führt: „If you are a man, Winston, you are the last man. Your kind is extinct; we are the inheritors. Do you understand that you are *alone*? You are outside history; you are non-existent." (S. 282/283)

Winstons Widerstand wird in Room 101 gebrochen

Erst als O'Brien Winston im **Room 101** mit dem Rattenkäfig – Winstons individuellem Horror – konfrontiert, schafft er es, Winstons Widerstand völlig zu brechen: Er gibt seine Liebe zu Julia preis („Do it to Julia! (...) I don't care what you do to her. Tear her face off, strip her to the bones." S. 300). Am Ende erfüllt sich O'Briens Prophezeiung („What happens to you here is for ever." S. 268), **Winston führt nur noch eine Scheinexistenz** („It was gin that sank him into stupor every night, and gin that revived him every morning." S. 307), er ist nicht mehr zu einem gewöhnlichen menschlichen Empfinden fähig, alles in ihm ist „tot" und „leer", um mit dem Gedankengut der Partei „gefüllt" zu werden: „He loved Big Brother" (S. 311).

Julia

Zu Beginn Bedrohung für Winston

„(...) she was a bold-looking girl, of about twenty-seven, with thick dark hair, a freckled face and swift, athletic movements" (S. 11), arbeitet wie Winston als **Mitglied der Outer Party** im Ministry of Truth. Sie trägt eine scharlachrote Schärpe um ihre Taille, das Abzeichen der **„Junior Anti-Sex League"**, wodurch sie zunächst Winstons Hassgefühle hervorruft (S. 12), da sie in jeder Hinsicht systemkonform zu sein scheint. Winston sieht in dem zunächst namenlosen dunkelhaarigen Mädchen eine **Bedrohung**, als sie sich zunehmend in seiner Nähe aufzuhalten scheint: „The girl at the next table had turned partly round and was looking at him. It was the girl with dark hair. She was looking at him in a sidelong way, but with curious intensity."(S. 64 f.; vgl. auch S. 104 f.)

Liebesbotschaft an Winston

Als Julia ihm ihre Liebesbotschaft zukommen lässt, beweist sie ihren **Mut** (S. 113) und handelt gegen Winstons Erwartungen. Julia charakterisiert sich selbst:

> „I'm good at games. I was a troop-leader in the Spies. I do voluntary work three evenings for the junior Anti-Sex League. (...) I always look cheerful and I never shirk anything. Always yell with the crowd, that's what I say. It's the only way to be safe." (S. 128)

Julia lebt ihr Leben im Schatten der Partei

Julia ist nicht „clever“, sie hasst die Partei und spricht das in derben Worten und Flüchen aus, doch im Gegensatz zu Winston übt sie **keine Kritik am Parteisystem**. Solange sie selbst nicht unter der Partei zu leiden hat, interessiert sie sich weder für die Ingsoc-Ideologie noch für die Vergangenheit. Für Julia ist es wichtig, erfolgreich und den Momenten zuliebe gegen die Gesetze zu verstoßen, an das Vorhandensein der Brotherhood glaubt sie nicht (S. 138).

Ist sich Partei-Propaganda bewusst

Julias natürlicher Lebensgeist steht deutlich im **Kontrast zu Winstons Verzweiflung und Todessehnsucht** („‚[Winston:] ‘So long as human beings stay human, death and life are the same thing.’ [Julia:] ‘Oh, rubbish! Which would you sooner sleep with, me or a skeleton?’“; S. 142). In vielen Dingen zeigt Julia einen schärferen **Realitätssinn** als Winston, so weist sie beispielsweise darauf hin, dass hinter dem Bild, hinter dem zuletzt der Teleschirm hervorbricht, Wanzen versteckt sein könnten (S. 153). Auch glaubt sie, dass Goldstein und seine Untergrundorganisation **Brotherhood lediglich eine Erfindung der Partei** sein könnten (S. 160). Ebenso wirft die Partei nach ihrer Meinung die Bomben selbst auf London: „(...) just to keep people frightened“ (S. 160).

„Umerziehung“ Julias

Obwohl Julia viel der Parteipropaganda durchschaut, so irrt sie zuletzt – wie auch Winston – in ihrer Auffassung von den Möglichkeiten der Partei: „They can make you say anything – **anything** –, but they can't make you believe it. They can't get inside you.“ (S. 174) Am Ende muss jedoch auch Julia ihren Irrtum erkennen, sie **verrät Winston**, um sich selbst zu retten, und wird in ähnlich „umerzogenem“ Zustand entlassen wie Winston (S. 304 ff.).

O'Brien

Obwohl O'Brien erst in Part III des Romans als handelnde Figur in den Vordergrund rückt, ist er von Beginn an gegenwärtig. So wird er beispielsweise bereits aus der Perspektive des Protagonisten im Rahmen des „**Two Minutes Hate**“ im **Ministry of Truth** so beschrieben:

> „(…) the other person was a man named O'Brien, a member of the Inner Party and holder of some post so important and remote that Winston had only a dim idea of its nature. (…) O'Brien was a large, burly man with a thick neck and a coarse, humorous, brutal face. In spite of his formidable appearance he had a certain charm of manner. He had a trick of re-settling his spectacles on his nose (…) It was a gesture which (…) might have recalled an eighteenth-century nobleman (…). He [Winston] felt deeply drawn to him, and not solely because he was intrigued by the contrast between O'Brien's urban manner and his pricefighter's physique. Much more it was because of a secretly-held believe–or perhaps not even a belief, merely a hope–that O'Brien's political orthodoxy was not perfect. Something in his face suggested it irresistibly. And again, perhaps it was not even unorthodoxy that was written in his face, but simply intelligence. But at any rate he held the appearance of being a person that you could talk to (…)“ (S. 12 f.)

Winston hält O'Brien für Verbündeten und Beschützer

Auf Grund eines flüchtigen Blickwechsels, der zu dem von O'Brien inszenierten Drama (S. 280 f.) gehört, hält Winston O'Brien nicht nur für einen Verbündeten, sondern sogar für seinen Beschützer (S. 19). Er glaubt, sein Tagebuch für O'Brien zu schreiben (S. 84), was tragischerweise letztlich auch der Realität entspricht (S. 273 ff.), und hält so verbissen und absolut an dieser Vorstellung fest, dass er instinktive Zweifel verdrängt (S. 176).

O'Briens wahres Gesicht deutet sich jedoch bereits in Winstons Fantasie an („The face of Big Brother swam into his mind, displacing that of O'Brien.“ S. 107) und in der Folterkammer des Ministry of Love – dem Ort ohne Dunkelheit – ist es eindeutig: O'Brien ist „tormentor", „protector", „inquisitor" und „friend" (S. 256). Während der Folter verhält sich O'Brien wie ein Arzt, ein Lehrer oder gar ein Priester, der mehr darauf bedacht ist, den aus seiner Sicht „geistesgestörten" Patienten zu überzeugen als zu bestrafen (S. 257 f.). Auch erkennen Peiniger und Opfer charakterliche Ähnlichkeiten (S. 264, 271).

O'Brien: pervertierte Menschlichkeit

Obwohl O'Brien Winston erklärt, dass er ihn sieben Jahre lang wie jeden Abweichler manipuliert hat, wächst Winstons Bewunderung für seinen Folterer, er empfindet O'Brien als „allwissend" („What can you do (…) against the lunatic who is more intelligent than yourself, who gives your arguments a fair hearing and then simply persists in his lunacy?" S. 275). O'Brien repräsentiert die **pervertierte Menschlichkeit** und die gewaltigen **Manipulationsmöglichkeiten** des Staates Oceania und führt Winston sowie dem Leser die erstrebte Zukunft vor Augen:

> „[The world we are creating] is the exact opposite of the stupid hedonistic Utopias that the old reformers imagined. A world of fear and treachery and torment, a world of trampling and being trampled upon, a world which will grow not less but more merciless as it refines itself. Progress in our world will be progress towards more pain. The old civilisations claimed that they were founded on love or justice. Ours is founded upon hatred. (...) There will be no loyalty, except loyalty towards the Party. (…) There will be no laughter, except the laughter of triumph over a defeated enemy. There will be no art, no literature, no science. When we are omnipotent we shall have no more need of science. (...) But always (...) there will be the intoxication of power (...), the sensation of trampling on an enemy who is helpless. If you

want a picture of the future, imagine a boot stamping on a human face – for ever." (S. 279 f.)

Ganz im Sinne der Ingsoc-Ideologie kennt O'Briens Grausamkeit bei der „Umerziehung" des „Abweichlers" im Dienste der Partei keine Grenzen, er verhöhnt und verspottet sein Opfer Winston (S. 281 f.), manipuliert dessen Psyche und setzt sogar sein Wissen über Winstons Albträume im **Room 101 als Waffe** ein (S. 296). Die **Nebenfiguren** haben vorrangig die Funktion, die Auswirkungen der totalitären Überwachungsmaschinerie des Systems Oceania auf die Individuen zu veranschaulichen.

Manipulation und Folter

Nebenfiguren in *1984*

Parsons

Winstons Nachbar Parsons ist ein **übereifriges und begeistertes Parteimitglied**, der trotz seines Engagements für die Partei im Ministry of Love endet. Seine eigenen Kinder liefern ihn der Thought Police aus, nachdem sie ihn im Schlaf „Down with Big Brother" (S. 245) haben murmeln hören. (Vgl. auch S. 96.)

Winstons Nachbar Parsons

Syme

Syme ist ein fanatischer Sprachwissenschaftler, der an der neuen Ausgabe des **Newspeak Dictionary** arbeitet. Obwohl er streng „parteigläubig" ist, hält ihn Winston für zu schlau, um zu überleben: „One of these days, thought Winston with sudden deep conviction, Syme will be vaporized. He is too intelligent." (S. 56) Und genau dies tritt ein (S. 154): „Syme had vanished. (...) Syme had ceased to exist: he had never existed." (Vgl. auch S. 96 und Prüfungsaufgaben, Task 3.)

Syme: Sprachwissenschaftler und Parteigenosse

Ampleforth

Ampleforth wird ebenfalls Opfer der Partei

Ampleforth, ein im Ministry of Truth tätiger Dichter, endet ebenfalls in den Folterkammern. Winston trifft ihn dort, weil Ampleforth ein Gedicht von Kipling nicht parteikonform umgeschrieben hat: Wegen eines Reimes hat er das Wort „God" zugelassen (S. 242) und wird in Room 101 geführt.

Mr Charrington

Mr Charrington: Mitglied der Thought Police

Mr Charrington erscheint zunächst als alter, der Vergangenheit zugetaner Altwarenverkäufer, dem Winston naiv vertraut. Doch der Altwarenladen entpuppt sich als Falle und Mr Charrington als Mitglied der Thought Police (S. 234).

3.5 Sachliche und sprachliche Erläuterungen

Part I

Kapitel 1

S. 3	**varicose ulcer**	Krampfadergeschwür
S. 4	**Ingsoc**	pervertierte Form für ‚Englischer Sozialismus' (English Socialism)
S. 6	**apparatus of government**	Regierungsapparat
	truncheon	Schlagstock
S. 7	**nitric acid**	Salpetersäure
	rubber club	Gummiknüppel
S. 8	**razor blades**	Rasierklingen
	forced-labour camp	Zwangsarbeitslager
	speakwrite	Sprechschreiber (Wortneuschöpfung)
S. 11	**proles**	Proletarier
	Records Department	Dokumentations-Abteilung
S. 14	**heresies**	Ketzereien
S. 17	**Saint Sebastian**	St. Sebastian, römischer Märtyrer, der Legende nach von 1 000 Pfeilschüssen durchbohrt

Kapitel 2

S. 22	**comrade**	Genosse
S. 23	**Spies**	Spione, Spitzel
S. 26	**Floating Fortress**	Schwimmende Festung
	Iceland	Island
	the Faroe Islands	die Faröer-Insel

S. 29	**loopholes**	Schießscharten
	annihilation	vollständige Austilgung

Kapitel 3

S. 31	**purges**	Säuberungsaktionen
S. 33	**Physical Jerks**	Morgengymnastik

Kapitel 4

S. 40	**pneumatic tube**	Rohrpost
	orifices	Öffnungen
	furnaces	Verbrennungsöfen
S. 47	**Order of Conspicuous Merit**	Orden für besondere Verdienste
S. 50	**Charlemagne**	französische Bezeichnung: Karl der Große (742–814)

Kapitel 5

S. 51	**Research Department**	Forschungsabteilung
	philologist	Sprachwissenschaftler
S. 54	**synonymes**	Synonym: Wort, das mit anderen Wörtern derselben Sprache fast bedeutungsgleich ist.
	antonymes	Antonym: Wort von entgegengesetzter Bedeutung.

Kapitel 6

S. 68	**fornication**	Unzucht
	promiscuity	Promiskuität: Geschlechtsverkehr mit häufig wechselnden Partnern.
S. 69	**artificial insemination**	künstliche Befruchtung

Kapitel 7

S. 76	**jus primae noctis**	lat.: das Recht auf die erste Nacht. Im Mittelalter gelegentlich bezeugtes Recht eines Grundherren auf die erste Nacht mit der neu verheirateten Frau eines Leibeigenen.
S. 83	**lunatic**	Wahnsinniger
S. 84	**Truisms**	Binsenwahrheiten

Kapitel 8

S. 87	**Steamer (...) quick!'**	„Ein Dampfer!", schrie er. „Pass' auf, Kumpel! Gleich bumst es. Hau dich hin!"
S. 91	**pint mug, gallon**	Maßeinheiten: Pint/Pinte, Gallone
S. 94	**House of Lords**	Bezeichnung für die erste Kammer eines Zweikammerparlaments, wie z. B. des britischen Parlaments
S. 106	**torture chamber**	Folterkammer

Part II
Kapitel 1

S. 113	**summons**	Vorladung
S. 120	**Oliver Cromwell**	englischer Staatsmann (1599–1658) und Anhänger der strengen Puritaner; entschied als Heerführer 1644/45 den Bürgerkrieg der Parlamentspartei gegen den Stuartkönig Karl I., drängte 1648 auch das Parlament beiseite und ließ 1649 den König hinrichten; wurde dann „Lordprotektor". Durch siegreiche Kriege gegen Holland und Spanien förderte er die See- und Handelsmacht Englands.

Kapitel 2

S. 125	**mike**	Mikro / Mikrofon
S. 131	**hide-out**	Versteck, Lichtung

Kapitel 3

S. 135	**camouflage**	Tarnung
S. 137	**Rewrite Squad**	Umschreibgruppe

Kapitel 4

S. 143	**fender**	Kaminvorsatz
S. 146	**cellars**	Kellergewölbe

Kapitel 5

S. 156	**Stepney**	Stadtteil von London
	indignation	Entrüstung

Kapitel 6

S. 165	**accomplices**	Komplizen

Kapitel 7

S. 174	**impregnable**	uneinnehmbar

Kapitel 8

S. 183	**rumours**	Gerüchte

Kapitel 9

S. 191	**Oligarchical**	von Oligarchie, Herrschaft einer kleinen elitären Gruppe

	Collectivism	Kollektivismus, Lehre, nach der das gesellschaftliche Ganze den Vorrang vor dem Individuum hat. Das Individuum ist der selbstständige Teil des Ganzen.
S. 192	**Neolithic Age**	Jungsteinzeit
	gyroscope	Gyroskop, Kreisel
	equilibrium	Gleichgewicht
S. 205	**Neo-Bolshevism**	Neo-Bolschewismus. Bolschewismus als eine Ausrichtung der marxistisch-leninistischen Ideologie.
S. 212	**doctrines**	Lehren
S. 213	**enlightened**	aufgeklärt

Part III

Kapitel 1

S. 242	**Kipling**	Rudyard Kipling, englischer Dichter (1865–1936)

Kapitel 2

S. 251	**hypodermic syringe**	Injektions-Spritze
S. 257	**vertebrae**	Rückenwirbel

Kapitel 3

S. 279	**digression**	Exkurs

Kapitel 6

S. 301	**nostrils**	Nasenlöcher
S. 302	**sinecure**	Sinekure, Ruheposten (lat. sine cura; ohne Sorge)

Hilfreiche Vokabeln zur Interpretation von *1984*

THEME/PURPOSE	THEMA/ABSICHT
In his warning utopia *1984* George Orwell criticizes totalitarian systems.	In seiner Warnutopie *1984* kritisiert George Orwell totalitäre Systeme.
Observation, destruction of culture and permanent warfare belong to the Party's power politics.	Überwachung, Kulturzerstörung und permanente Kriegsführung gehören zur Machtpolitik der Partei.
Orwell makes use of the utopian genre in order to criticize current conditions in a satirical way.	Orwell nutzt die Gattung der Utopie, um auf satirische Weise die gegenwärtigen Zustände zu kritisieren.
Form/Structure	Form/Aufbau
The novel's three main parts correspond to three major aspects of the plot.	Die drei Hauptteile des Romans entsprechen drei großen Verlaufsphasen der Handlung.
The plot reaches its first climax in the protagonist's arrest (part II, chapter 10).	Die Festnahme des Protagonisten im 10. Kapitel des 2. Teils stellt den ersten Höhepunkt der Handlung dar.
exposition	Exposition
love affair as resistance	Liebesverhältnis als Widerstand
re-integration, re-education	„Umerziehung"
capitulation	Kapitulation
hierarchical social system (hierarchy)	hierarchische Gesellschaftsstruktur
The state of **Oceania** is lawless.	Der Staat **Oceania** ist kein Gesetzesstaat.
The citizens of **Oceania** are ideologically conditioned.	Die Bürger **Oceanias** sind ideologisch konditioniert.
The party seeks power entirely for its own sake.	Das Ziel der Partei ist Macht.
claim to power, lust for power, dictatorship	Machtanspruch, Machtlust, Diktatur

THEME/PURPOSE	THEMA/ABSICHT
The party has developed an infallible machinery of observation that guarantees its power.	Zur Sicherung ihrer Macht hat die Partei eine unfehlbare Überwachungsmaschinerie entwickelt.
to keep under observation, to supervise, to monitor	Überwachen
code of conduct	Verhaltenskodex
Newspeak facilitates the rulers to establish and control a new kind of thinking.	**Newspeak** ermöglicht es den Machtausübenden, ein neues Denken zu etablieren und zu kontrollieren.
Doublethink makes it possible to annul logic and therefore facilitates the party to justify and preserve its contradictory system.	Durch **doublethink** setzt die Partei die Gesetze der Logik außer Kraft, rechtfertigt und erhält die Widersprüchlichkeit ihres Systems.
Destruction of history means destruction of identity, individuality and standards.	Zerstörung der Geschichte bedeutet Zerstörung von Identität, Individualität und Maßstäben.
Permanent warfare makes an increase of the general standard of living as well as emancipation impossible.	Permanente Kriegsführung verhindert die Erhöhung des Lebensstandards sowie Emanzipation.
The integration of **Goldstein's Book** offers a description of the totalitarian regime from a technical perspective.	Durch **Goldstein's Book** wird das totalitäre Regime aus fachlicher Perspektive beschrieben.
Goldstein's Book delays the action.	**Goldstein's Book** hat retardierende Funktion
The appendix is a reflection on the topic of **Newspeak** and serves as a satirical extension.	Der Anhang ist ein Rückblick auf das Thema **Newspeak** und dient zur satirischen Erweiterung.
Symbolism	**Symbolik**
Big Brother personifies collective power.	**Big Brother** personifiziert die Kollektivmacht.
Symbols and leitmotifs are narrative techniques for the development of suspense	Symbole und Leitmotive sind erzählerische Mittel für den Spannungsaufbau.

THEME/PURPOSE	THEMA/ABSICHT
Characters	**Charakteristiken**
As a member of the **Outer Party** Winston Smith is kept under enduring observation. He detests his surroundings.	Als Mitglied der **Outer Party** steht Winston Smith unter ständiger Beobachtung. Er verabscheut seine Umgebung
As a separate and helpless individual he lives in complete isolation.	Als einzelnes und hilfloses Individuum lebt er völlig isoliert.
Julia is of a natural liveliness and has a sense of reality.	Julia hat einen natürlichen Lebensgeist und Realitätssinn.
O'Brien is an omnipresent torturer as well as a protector.	O'Brien ist der allgegenwärtige Peiniger und Beschützer.
O'Brien represents the rulers' perverted humanity and their powerful possibilities of manipulation.	O'Brien repräsentiert die pervertierte Menschlichkeit und die gewaltigen Manipulationsmöglichkeiten der Machthaber.
Style/Language	Stil/Sprache
narrative technique	Erzähltechnik
The contents determine the narrator's use of an internal point of view.	Die personale Erzählstruktur ist durch das inhaltliche Konzept vorgegeben.
vividness	Anschaulichkeit
poetic style	poetischer Stil
phonetic spelling	phonetische Schreibweise
grotesque portrayal	groteske Schilderung
paradox statements (concepts, terms), irony	paradoxe Aussagen (Begriffe), Ironie
This variety of narrative techniques clarifies and supports a main topic of the novel: **language and morals**.	Die vielen verschiedenen Erzählweisen verdeutlichen ein Hauptthema des Romans: **Sprache und Moral**.

3.6 Stil und Sprache

ZUSAMMEN-FASSUNG

1984 wird aus der Sicht des Protagonisten Winston Smith erzählt, daher ist eine **personale Erzählstruktur** (free indirect style, interior monologue, stream of consciousness) vorherrschend. Eines der Hauptthemen des Romans ist die Sprache und die Zerstörung der Sprache (vgl. Newspeak) und damit einhergehend des Individuums. **Leitmotive und Symbole** werden von George Orwell dazu passend eingesetzt.

Erzählverhalten und Erzählweise

Personales Erzählverhalten

Als nicht angepasster Einzelner stellt Winston Smith einen Störfaktor in dem Überwachungsstaat Oceania dar, womit auch nur **aus seiner Sicht** Kritik möglich ist. Das inhaltliche Konzept des Romans bestimmt somit die **personale Erzählstruktur** (internal point of view),

> „eine Erzählstruktur, bei der das fiktionale Geschehen nur aus der Perspektive einer der am Geschehen beteiligten fiktiven Personen berichtet wird, d. h. statt einer allseitigen Darstellung der erzählten Welt erfährt der Leser diese subjektiv gedeutet und je nach Funktion, Charakter oder seelischer Verfassung der erlebenden Person (...) mehr oder weniger relativiert oder fragmentarisch. Das personale Erzählen verändert damit auch die Rolle des Lesers, der zum aktiven Mitgestalten, zur Sinngebung gezwungen wird“[15].

15 Schweikle (Hg.), S. 347.

Die im Roman vertretenen darstellerischen Mittel des personalen Erzählens sind vorwiegend **free indirect discourse, interior monologue** und **stream of consciousness**[16]:

SPRACHLICHES MITTEL	ERKLÄRUNG	TEXTBELEG
free indirect discourse/free indirect style (ähnlich der **erlebten Rede** im Deutschen)	Durch die Kombination von Person und Zeit **der indirekten Rede (indirect report)** und temporalen sowie lokalen Indikatoren der **direkten Rede (direct speech)** wird suggeriert, dass Äußerungen des Protagonisten von seiner personalen Perspektive aus wiedergegeben werden. Die oft mimische Funktion täuscht z. B. die genaue Wiedergabe einer Denkweise vor und kann auch der Ironisierung dienen.	*„Already! He sat as still as a mouse, in the futile hope that whoever it was might go away after a single attempt. But no, the knocking was repeated. The worst thing of all would be to delay." (S. 21/22); „It was the police patrol, snooping into people's windows. The patrols did not matter, however. Only the Thought Police mattered." (S. 4); „(…) it was never possible nowadays to pin down any date within a year or two. (…) The actual writing would be easy." (S. 9); „It was not the man's brain that was speaking, it was his larynx." (S. 57); „It was, he now realised, because of this other incident that he had suddenly decided to come home and begin the diary today." (S. 11)*
interior monologue (innerer Monolog)	Der Bewusstseinsstand einer Figur wird „unmittelbar" in der 1. Person wiedergegeben. Auch Erzähltechnik für den **stream of consciousness**.	„He would flog her to death with a rubber truncheon." (S. 17); „He would go into the pub, he would scrape acquaintance with that old man (...)" (S. 90); „Were there always these vistas of rotting nineteenth-century houses (...)?" (S. 5)

16 Vgl. ebd.

SPRACHLICHES MITTEL	ERKLÄRUNG	TEXTBELEG
stream of consciousness	Bewusstseinsstrom; komplexe, unstrukturierte Folge von assoziativ ausströmenden Bewusstseinsinhalten einer Figur, bei der sich Empfindungen, Reflexionen und subjektive Reaktionen auf Umwelteindrücke vermischen.	*„Last night to the flicks. All war films. One very good one of a ship full of refugees (...) then there was a wonderful shot of a child's arm going up up up right up into the air a helicopter (...) until the police turned her turned her out I don't suppose anything happened to her nobody cares what the proles say typical prole reaction (...)" (S. 10/11); „they'll shoot me I don't care they'll shoot me in the back of the neck I don't care down with big brother they always shoot you in the back (...)" (S. 21)*

Die **Erzählweise** des Romans *1984* ist als **direkt** und **konkret** zu charakterisieren, sie weist ein **Bemühen um Anschaulichkeit** auf. Als Beispiel lässt sich die detaillierte Schilderung des täglichen Kantinenbesuchs der Hauptfigur anführen: „In the low-ceilinged canteen, deep under ground, the lunch queue jerked slowly forward. The room was already full and deafeningly noisy. (...)" (S. 51)

Direkte und konkrete Erzählweise

Vorwiegend in Part II finden sich auch Erzählabschnitte in **bildlich-poetischem Stil**: „Winston picked his way up the lane through dappled light and shade, stepping out into pools of gold wherever the boughs parted. (...) The air seemed to kiss one's skin" (S. 123); „It had all occurred inside the glass paperweight, but the surface of the glass was the dome of the sky (...)" (S. 167).

Neben der motivischen Einbettung von **Liedversen** (vgl. S. 144) finden sich Erzählpassagen, in denen durch **phonetische Schreibweise** Sprechweisen verschiedener Gesellschaftsschichten dargestellt werden, so beispielsweise der Londoner **Cockney-Akzent der**

Liedverse und Cockney-Akzent

Proles: „I arst you civil enough, didn't I? (...) You telling me you ain't got a pint mug in the 'ole bleeding boozer? (...) 'Ark at 'im! Calls 'isself a barman and don't know what a pint is!" (S. 91); „Beg pardon, dearie, (...), I wouldn't ,a sat on you, only the buggers put me there. They dono 'ow to treat a lady, do they?" (S. 239)

Groteske Darstellung der Nebenfiguren

Die **Nebenfiguren** – entfremdete Persönlichkeiten – werden zumeist **auf groteske Weise beschrieben**, so beispielsweise **Syme** („He was a tiny creature (...) with dark hair and large, protuberant eyes, at once mournful and derisive (...)" S. 51; „(...) this was not a real human being but some kind of dummy. It was not the man's brain that was speaking, it was his larynx. The stuff that was coming out of him consisted of words, but it was not speech in the true sense: it was a noise uttered in unconsciousness, like the quacking of a duck." S. 57) und **Parsons** („a tubby middle-seized man with fair hair and a froglike face" S. 58). Grotesk ist insbesondere die Beschreibung der Arbeitskollegen: „It was curious how that beetle-like type proliferated in the Ministries: little dumpy men, growing stout very early in life, with short legs, swift scuttling movements, and fat inscrutable faces with very small eyes. It was the type that seemed to flourish best (...)" (S. 63).

Wissenschaftlicher Diskurs

Goldstein's Book und der Appendix repräsentieren die Sprachebene des **wissenschaftlichen Diskurses**.

Die vielen verschiedenen Erzählweisen verdeutlichen eines der Hauptthemen des Romans, **Sprache und Moral**. In der Welt von *1984* wird durch die Einführung der **Newspeak** die Sprache systematisch zerstört. Sprache ist das Medium zur individuellen Äußerung von Gefühlen sowie zur Vermittlung von Wert- und Moralvorstellungen, die im Staat Oceania nicht geduldet werden.

Newspeak – ironische Elemente

Im Roman tritt Newspeak hauptsächlich in Form von paradoxen (im Kontext des Romans nur scheinbar widersprüchlichen) Aussagen auf: „War is Peace – Freedom is Slavery – Ignorance is Strength“ (S. 6). Auch Wortbildungen („Hate Week“ S. 3; „doublethink“ S. 9; „ungood“, „doubleplusgood“ S. 54) und Wortverkürzungen („Minitrue“ S. 6) prägen die Erzählebene, wodurch deutlich **ironische Elemente** einfließen. So wird oft durch den Kontext deutlich, dass bestimmte Textpassagen anders gemeint sind, als es die verwendeten Wörter ausdrücken: „It's a beautiful thing, the destruction of words.“ (S. 54)

Symbole und Leitmotive

In *1984* finden sich folgende wichtige Symbole und Leitmotive, auf die ausführlich eingegangen wird:

→ **Big Brother** (personifizierte Kollektivmacht)
→ **Winstons varicose ulcer** (Krampfadergeschwür)
→ **Dust** (der Staub)
→ **The Golden Country** (das Goldene Land)
→ **Paperweight** (der Briefbeschwerer)
→ **Kinderreime** und
→ die **Proles**.

Parteiapparat und Big Brother

In seinem utopischen Staat Oceania zeigt der Autor, wie ein unangreifbarer und unergründlicher Parteiapparat aus reiner Machtgier Individualität zerstört und Menschlichkeit pervertiert. Der **absoluten Unangreifbarkeit dieses Parteiapparates** und seiner totalitären Macht wird durch das Bild des **Big Brother** ein Gesicht gegeben. Big Brother erscheint nie persönlich, doch sein Bild mit dem schwarzen Schnurrbart, den rauen und zugleich stattlichen Zügen und dem eindringlich beobachtenden Blick verfolgt jeden. Die Bürger Oceanias sind verpflichtet, den Big Brother zu lieben, der seiner Bezeichnung nach sowohl **Kontrolle und Drohung** personifiziert als auch – der widersprüchlichen Ingsoc-Ideologie entsprechend – **Schutz und Geborgenheit** („Großer Bruder“).

„Big Brother is unfallible and all-powerful. Every success, every achievement, every victory every scientific discovery, all knowledge, all wisdom, all happiness, all virtue, are held to issue directly from his leadership and inspiration. Nobody has ever seen Big Brother. He is a face on the hoardings, a voice on the telescreen. We may be reasonably sure that he will never die, and there is already considerable uncertainty as to when he was born. Big Brother is the guise in which the Party chooses to exhibit itself to the world. His function is to act as a focusing point for love, fear and reverence, emotions which are more easily felt towards an individual than towards an organisation." (S. 216f.)

Winstons varicose ulcer

Winstons **Krampfadergeschwür** ist ein körperliches Symptom für seine unter dem Regime leidende Psyche. Es kennzeichnet seine Unangepasstheit an das System und der Schmerz des Geschwürs „verfolgt" ihn bei allen nicht-konformen Handlungen. Bereits zu Beginn der Erzählung erschwert ihm das schmerzende Geschwür den Weg in seine Wohnung (S. 3) und als er mit der Niederschrift seines Tagebuches beginnt, d. h. gegen die Regeln des Systems verstößt, befällt ihn ein unerträglicher Juckreiz (S. 10). Während seiner Liebesaffäre mit Julia in dem vermeintlichen Versteck im Hause des Altwarenladens ist das Geschwür verheilt (S. 157). In der Zeit seiner Folter im **Ministry of Love** versucht Winston **inneren Widerstand** zu leisten und dementsprechend verhält sich das Krampfadergeschwür: „the varicose ulcer was an inflamed mass with flakes of skin peeling off it" (S. 284).

Der Staub – dust

Der **Staub** („a swirl of gritty dust"; S. 3) ist unverhinderbarer Bestandteil des durch die permanenten Kriege heruntergekommenen Stadtbilds von London und ist – gleich der Partei – allgegenwärtig. **Dust** symbolisiert zugleich die allmächtige Totalität der Partei, deren perfekte Überwachungsmaschinerie das Alltagsleben der

Bürger bis ins „kleinste Staubkörnchen" durchdringt. So scheinen beispielweise auch die dem Regime angepassten Bürger Oceanias teilweise mit Staub bedeckt: „One had the impression that there was dust in the creases of her [Mrs Parsons] face." (S. 22) Als Winston sein Tagebuch zur Sicherung mit einem Staubkorn markiert, gibt er es symbolisch in die Hände der Partei: „With the tip of his finger he picked up an identifiable grain of whitish dust and deposited it on the corner of the cover, where it was bound to be shaken off if the book was moved." (S. 31) Nach seiner „Umerziehung" in den Folterkammern des Ministry of Love am Ende des Romans schreibt er im **Café Kastanienbaum** symbolisch die Gleichung **„2 + 2 = 5"** in den Staub auf dem Tisch (S. 303).

Golden Country – the place where there is no darkness

Golden Country ist Winstons Traumvorstellung einer Landschaft voll Wärme, Schönheit und Frieden, in der Mensch und Natur miteinander harmonieren:

> „Suddenly he was standing on short springy turf, on a summer evening when the slunting rays of the sun gilded the ground. (...) In his waking thoughts he called it the Golden Country. It was an old, rabbit-bitten pasture, with a foot-track wandering across it and a molehill here and there." (S. 32/33)

Golden Country steht im Kontrast zu der kahlen, entseelten Wirklichkeit Oceanias und symbolisiert Winstons Sehnsucht nach einer besseren Vergangenheit sowie seine Hoffnung auf eine bessere Zukunft.

Spannungsaufbau

So begegnet er beispielsweise in seinem Traum vom **Golden Country** Julia, die ihre Kleider von sich wirft, „(...) as though Big Brother and the Party and the Thought Police could all be swept into nothingness by a single splendid movement of the arm", und erwacht mit dem Wort „Shakespeare" auf den Lippen (S. 33). Das

Motiv des **Golden Country** stellt ein bedeutendes **erzählerisches Mittel für den Spannungsaufbau der Handlung** dar. Im Laufe der Handlung erinnert sich Winston an die Stimme aus einem Traum, die ihm ein Treffen an dem **Ort ohne Dunkelheit** („place where there is no darkness"; S. 27) vorausgesagt hat und ordnet diese Stimme dem vermeintlichen Verbündeten O'Brien zu (S. 27). Winston deutet die Botschaft als Hinweis auf seine erträumte Zukunft: „‚We shall meet in the place where there is no darkness', O'Brien had said to him. He knew what it meant, or thought he knew. The place where there is no darkness was the imagined future (...)." (S. 107) Diese Überzeugung wird gefestigt, als sich Winston nach dem vermeintlichen Eintritt in die **Brotherhood** von O'Brien mit ebendieser geheimen Botschaft verabschiedet und keine überraschte Reaktion auf Seiten O'Briens feststellt.

Ministry of Love – there is no darkness

Zuletzt muss Winston jedoch auf dramatische Weise erkennen, dass der **Ort ohne Dunkelheit** nicht das ersehnte **Golden Country** ist, sondern die unterirdischen Katakomben des **Ministry of Love** bezeichnet, deren künstliche Beleuchtung niemals ausgeschaltet wird: „In this place, he knew instinctively, the lights would never be turned out. It was the place with no darkness: he saw now why O'Brien had seemed to recognise the allusion." (S. 241) In seiner Zelle träumt Winston noch immer vom **Golden Country**, diesmal sitzt er zusammen mit seiner Mutter, Julia und O'Brien friedlich in der Sonne (S. 288). Solange Winston diesen Traum behält, ist er nicht vollständig innerlich „umerzogen" worden. Er kann sein Unterbewusstsein jedoch nicht kontrollieren, wacht während seiner Gefangenschaft schluchzend aus dem Traum vom **Golden Country** auf (S. 293) und muss als Strafe die letzte Stufe der „Umerziehung" – die Folter im **Room 101** – ertragen.

Golden Country ersetzt durch künstliches Licht

Am Ende verschmäht Winston gelegentliche fetzenhafte Erinnerungen als „false memory" (S. 309) und in dem letzten Traum – von seiner Hinrichtung – **empfindet er die künstliche Helligkeit des Ministry of Love als Sonnenlicht**: „Winston, sitting in a blissful dream, (...). He was walking down the white-tiled corridor, with the feeling of walking in sunshine. (...)“ (S. 310) Winstons Persönlichkeit ist zerstört.

The paperweight: schöner Schatz der Vergangenheit

„It was a heavy lump of glass, curved on one side, flat on the other, making almost a hemisphere. (…) At the heart of it, magnified by the curved surface, there was a strange, pink convoluted object that recalled a rose or a sea anemone.“ (S. 98 f.) Der **Briefbeschwerer** ist für Winston zunächst **Sinnbild einer besseren Vergangenheit**, in der es noch Schönheit gab. Durch den Besitz dieses Gegenstandes macht sich Winston als Gedankenverbrecher verdächtig, da er die Wertschätzung der Vergangenheit und somit die Missachtung der Gegenwart symbolisiert.

Als er glaubt, dass Julia ihn im Auftrag der **Thought Police** verfolgt, kommt ihm der Gedanke, sie mit dem **paperweight**, einem Gegenstand der Vergangenheit, zu erschlagen (S. 105). Während der kurzen Glücksphase mit Julia in dem Raum über dem Altwarenladen (einem Überbleibsel der Vergangenheit) beschreibt Winston selbst die symbolische Bedeutung des gläsernen Gegenstandes: „The paperweight was the room he was in, and the coral was Julia's life and his own, fixed in a sort of eternity at the heart of the crystal.“ (S. 154)

Doch das Symbol des gläsernen Briefbeschwerers für Winstons und Julias Leben weist auch auf die **Zerbrechlichkeit ihrer „gläsernen“ Welt** hin – bei ihrer Gefangennahme wird diese Zweisamkeit zusammen mit dem Briefbeschwerer auf brutale Weise zerstört und Winston erkennt zu spät, wie klein der Briefbeschwerer und somit seine Illusion gewesen ist (S. 232).

Kinderreime: Orange and Lemons, say the bells of St. Clement's...

Kinderreime („'Oranges and lemons,' say the bells of St Clement's (...)“ S. 102) stellen gleich dem Briefbeschwerer Elemente aus der Vergangenheit dar, die den Protagonisten faszinieren und die er zu rekonstruieren versucht.

Zwar weist Mr Charrington Winston deutlich auf den letzten Vers hin („Here comes a candle to light you to bed, Here comes a chopper to chop off your head.“ S. 102), dieser **übersieht die offene Drohung** jedoch und versucht weiter durch die Suche nach den gesamten Versen des Reimes die Vergangenheit zu erforschen. Einzig O'Brien, Mitglied der Inner Party, kennt den vollständigen Kinderreim, womit er symbolisch die Vergangenheit beherrscht (S. 186).

The Proles – If there is hope, it lies in the proles

Obwohl die **Proles** 85% der Bevölkerung Oceanias stellen, sind sie für die Partei und ihre Machtapparatur weder wichtig noch gefährlich. Für Winston haben sie jedoch **symbolischen Wert**, er erhofft sich in ihnen eine Gegenmacht zur Partei, die das Regime stürzen kann: „If there is hope, (...) it lies in the proles.“ (S. 72)

Symbol für Wärme und Menschlichkeit

Das Problem ist laut Winston, dass die Proles sich nie auflehnen werden, solange sie sich nicht ihrer Macht bewusst seien und dass sie sich erst ihrer Macht bewusst werden könnten, nachdem sie sich aufgelehnt hätten (S. 74). Obwohl sein Versuch der Konversation mit einem alten Proles-Mann gescheitert ist (S. 91 f.), hält er an seinem Glauben an die Kraft der **Proles** fest. Sie symbolisieren für Winston **Wärme und Menschlichkeit** und stehen somit im Kontrast zu der unnatürlichen, leblosen Partei.

Lebendige Schönheit der Sexualität

Während seiner Liebesaffäre mit Julia beobachtet er eine **stämmige Proles-Frau**, die in dem Hof hinter dem Altwarenladen singend Wäsche aufhängt, und ist beeindruckt von ihrem sorglosen, natürlichen Verhalten (S. 148, 227). Im Gegensatz zu der Partei, die unter allen natürlichen Trieben besonders den Sexualtrieb des Menschen pervertiert (S. 68) und Fortpflanzung durch künstliche Befruchtung propagiert (S. 69), erkennt Winston in der Proles-Frau die **lebendige Schönheit der Sexualität**:

„It had never before occured to him that the body of a woman of fifty, blown up to monstrous dimensions by childbearing, then hardened, roughened by work till it was coarse in the grain like an over-ripe turnip, could be beautiful.“ (S. 228)

3.7 Interpretationsansätze

ZUSAMMENFASSUNG

Seit seinem Erscheinen 1949 wurde Orwells Roman *1984* immer wieder interpretiert, gedeutet und mit anderen literarischen Werken verglichen.
Auf folgende Interpretationsansätze gehen wir hier ein:

→ Ein totalitäres Staatssystem und seine historischen Bezüge
→ Marx und die Machtpolitik der Ingsoc-Partei
→ Religiöse Deutungsmöglichkeiten
→ Die doublethink-Struktur

Historische Fakten und satirische Elemente

Satirische Anspielungen auf Stalin und das Dritte Reich

In ihrem Aufsatz über Orwells *1984* als negative Staatsutopie des 20. Jahrhunderts beschreibt Hiltrud Gnüg die satirischen Anspielungen auf die **Machtideologien des Stalinismus und Faschismus** als Ausgangspunkt für den negativen Zukunftsentwurf:

> „Mag der Große Bruder mit dem ‚schwarzen Schnurrbart' auch eine Anspielung auf Stalin sein und das ozeanische System mit seinem Personenkult, seinem Bespitzelungswesen, seiner Parteidiktatur, den Schauprozessen und der Vernichtung von Tausenden ehemaliger Genossen, geheimen Prozessen mit Folter usw. eine Satire auf den Stalinismus darstellen, Orwells Dystopie trifft ebenso die faschistische Diktatur. Im Dritten Reich wie in Ozeanien wird die Kultur vernichtet, Sprache manipuliert, ein künstliches Feindbild aufgebaut; Orwell entwirft aus beiden

Machtideologien eine Synthese der schlimmsten Möglichkeiten."[17]

Kritik an Kapitalismus, Kommunikation, Propaganda und Massenmanipulation

Auch Jürgen Schmidt verweist auf den **historischen Hintergrund**, in dem der **fiktive** Gesellschaftsentwurf entstand, zur Interpretation der satirischen Elemente:

„(...) leicht wiedererkennbar sind Elemente des Faschismus und des Stalinismus, der Kriegs- und Nachkriegsökonomie Englands, des Blitzkrieges über London, des Abwurfs der ersten Atombomben, aber auch Elemente von korporativen Tendenzen der kapitalistischen Welt und der sich in den dreißiger und vierziger Jahren rapide entwickelnden Kommunikationstechnologien und deren bis dahin beispiellosen Einsatz für Propaganda und Massenmanipulation. Identifizierbar wird z. B. das nazistische Blockwartsystem, verkörpert in fast schon parodistischer Weise durch Winstons Nachbarn Parsons, der aber zur gleichen Zeit die Karikatur eines überenthusiastischen englischen Sportsmannes ist (...). Die Beispiele in denen gegenseitige Bespitzelung verbunden mit gegenseitigem Hochpeitschen der auf Goldstein gerichteten Hassgefühle in politerotische Anbetung Big Brothers aufgelöst werden, verweisen auf Praktiken des Personenkults etwa bei Stalin, Hitler oder Mussolini (...). Ebenso verweist das Hasssymbol Goldstein auf Trotzkijs Exilierung und Ermordung, wie auch die Verurteilung dreier Politiker (...) auf die stalinistischen Schauprozesse hindeutet, die für viele englische Linke Abkehr vom Sozialismus bedeuteten. Im Falle Orwells sind entsprechende Passagen eng mit seiner Erfahrung im Spanischen Bürgerkrieg verknüpft, wo er Zeuge der Unterwerfung derjeni-

---

17 Gnüg, S. 201–203.

gen Gruppen wurde, die nicht KP-gemäße Ziele vertraten (vgl. *Homage to Catalonia*).“[18]

Marxismus in *1984*

Das Geschichtsverständnis von Marx als Ansatzpunkt

In seiner ausführlichen Abhandlung über Orwells Werk verweist Hans-Christoph Schröder u. a. auf das **Marx'sche Geschichtsverständnis als Interpretationsansatz für die Machtpolitik** der Ingsoc-Partei Oceanias:

> „(...) Orwells Erklärung für die dauerhafte Oligarchie Ozeaniens [fügt sich] grundsätzlich durchaus in das Marx'sche Geschichtsverständnis ein. Nach Marx ist die Entfaltung der Produktivkräfte jene vorwärtstreibende und verändernde Kraft, die schließlich auch die Produktionsverhältnisse, die Klassenstruktur und die Gesellschaftsform verändert. Gelingt es, die Entwicklung der Produktivkräfte anzuhalten – und darauf läuft der in *1984* geschilderte Zustand letztlich hinaus – ist der Stachel der Veränderung beseitigt und der historische Wandel stillgelegt. Auch die Art, wie Orwell die Stagnation bzw. die Regression der Produktivkräfte in seinem Roman erklärt, nämlich mit dem Wegfall der Konkurrenz, ist marxistisch, wenn er auch dem militärisch-kriegerischen Faktor größere Bedeutung beimisst, als Marx es getan hatte. Ebenso marxismuskonform ist die Verbindung der inegalitären Gesellschaftsstruktur Ozeaniens mit dem wirtschaftlichen Mangel. Angesichts der Gefahr, dass sich soziale Ungleichheit und Herrschaft wegen des potenziell verfügbaren gesellschaftlichen Reichtums nicht mehr rechtfertigen lassen und ihnen der Boden entzogen wird, nimmt die herrschende Kaste Zuflucht

---

18 Schmidt, Jürgen: *George Orwell: Nineteen Eighty-Four.* In: Heuermann, Hartmut und Lange, Bernd-Peter (Hg.): *Die Utopie in der angloamerikanischen Literatur.* Interpretationen. Düsseldorf: Bagel; 1984, S. 239–240.

zu einer künstlichen Verknappung der Güter und Ressourcen, die damit ständig unterhalb der Emanzipationsschwelle gehalten werden. Die letztlich im Mangel begründete Basis der Klassengesellschaft bleibt damit erhalten."[19]

Definition Marxismus

Unter **Marxismus** versteht man die von Karl Marx (1818–1883) unter Mitwirkung von Friedrich Engels geschaffene, auf der Geschichtsauffassung des **historischen Materialismus** gegründete Theorie des wissenschaftlichen Sozialismus. Die Arbeit, nicht das Kapital, schaffe Werte. Der bei der Produktion entstehende Mehrwert werde dem Arbeiter durch zu niedrigen Lohn (Existenzminimum) vorenthalten und falle durch Ausbeutung der Arbeitskraft dem Unternehmer als Profit zu. Während sich auf diese Weise das Kapital in wenigen Händen anhäufe, verelendeten die Massen. Am Ende stehe der Zusammenbruch des kapitalistischen Systems und der weltrevolutionäre Umschlag, bei dem sich die erwachten Massen der Produktionsmittel bemächtigten. Aus der Übergangszeit der Diktatur des Proletariats gehe dann als Endzustand die klassen- und staatenlose Gesellschaft hervor.

Der seinem Wesen nach internationale und revolutionäre Marxismus hatte nachhaltigen Einfluss auf einen großen Teil der Arbeiterbewegung. Die Kritik an seinen Lehren führte zur Spaltung des Sozialismus in den revisionistischen Flügel und den Kommunismus, heute ganz überwiegend in Form des Bolschewismus (Marxismus-Leninismus).

Religiöse Interpretation

Big Brother als Gottesfigur

Bei einer Analyse der im Text vorhandenen religiösen Anspielungen lässt sich das Regime Oceania als **pervertierte Form einer Theo-**

---

19 Schröder, S. 262.

kratie interpretieren und die Handlung des Romans als **Parodie eines religiösen Bekehrungsvorganges**:

> „Es ist (...) unverkennbar, dass die herrschende Kaste Ozeaniens göttliche Attribute besitzt oder sich zuschreibt. Sie erscheint allmächtig und allwissend. O'Brien weiß während des von ihm geführten Verhörs immer schon im Voraus, was Winston Smith denkt oder ihn fragen will; er ist über dessen Träume informiert und weiß, wovor dieser am meisten Angst hat. Die Allgegenwart und zugleich Entrücktheit des ‚Großen Bruders', den niemand je sah, ist die Gottes. Mit ihrer permanenten, unangreifbaren Herrschaft machen sich die Machthaber unsterblich. Als Kollektiv besitzen sie die Unsterblichkeit – das ewige Leben. Aus dem Munde O'Briens verkündet die Oligarchie den Anspruch, die Naturgesetze außer Kraft zu setzen, also Wunder bewirken zu können. Selbst die Figur Goldsteins, der ebenso allgegenwärtig und unwirklich ist wie ‚Big Brother', fügt sich in ein religiöses Deutungsmuster von *1984* ein: Er ist der Teufel. Seine Unbesiegbarkeit und immer wieder Böses stiftenden Machenschaften beruhen auf der Sündhaftigkeit des Menschen. Ebenso lassen sich die von O'Brien verkündete Botschaft des Hasses als eine Travestie der christlichen Liebesbotschaft und seine Verherrlichung der Macht als Umkehrung der vom Christentum geforderten Demut deuten.

Goldstein als Teufel

Man kann in der religiösen Interpretation von *1984* sogar noch einen Schritt weiter gehen. Dann erscheint nämlich nicht nur das Regime Ozeaniens als eine Art von Theokratie, in der, wie O'Brien sagt, Gott die Macht ist und die Mitglieder der Inneren Partei die Priester der Macht sind, vielmehr stellt sich auch die Handlung des Romans als die schreckliche Parodie eines religiösen Bekehrungsvorgangs dar, in dem um die Rettung einer Seele gerungen wird und die Gleichung 2 + 2 = 5 ein göttliches Wunder darstellt, an das man nach dem Prinzip ‚credo quia absurdum' glauben muss. In dem Prozess der Individualitätszerstörung, den Winston Smith durchläuft, lassen sich die typischen Stadien eines Konversionserlebnisses erkennen: zuerst Auflehnung gegen den Allmächtigen, dann tiefe Verzweiflung und schließlich Reue, Erlösung und tiefe Liebe zu Gott."[20]

Doublethink: strukturelle Grundlage der Handlung

Das Prinzip **doublethink** wird nicht nur explizit von den Figuren des Romans thematisiert, sondern spiegelt sich auch in der Zweideutigkeit der Ereignisse wider:

Zweideutigkeit der Ereignisse: doublethink

„Die Ereignisse [der Handlung] gewinnen zweideutigen Charakter, wenn O'Brien Sicherheitsbeamter und Widerständler sein kann, Verbündeter Winstons und Initiator seines Leidensweges, wenn die Widerstandsbewegung existieren mag und von der Partei lediglich erfunden ist, wenn der Staat eine riesige komplizierte Maschine zur Reproduktion der Gesellschaft perpetuiert, dies aber ausschließlich als Selbstzweck der reinen, abstrakten und absolut gewalttätigen Machterhaltung betreibt (...). Am Ende erweisen sich das gesamte Staatsgebilde, wie es in den Köpfen von Winston und Julia erschien, und die von ihnen angenommenen Fakten als auf Fiktion beruhend: Keine der Nachrichten aus diesem Utopia scheint auch nur irgendeine Gewissheit zu versprechen. Durch die genannten Mittel wird in der Perspektive des Textes das Prinzip des Doublethink zugleich zur strukturellen Grundlage der Handlung. Überspitzt könnte man sagen, dass entgegen allem Anschein O'Brien der eigentliche

---

20 Schröder, S. 269–270.

Autor der Winston-Handlung ist, die er von Beginn an kontrolliert und durch Eingriffe wie die Übergabe des Goldstein-Buches oder die so einfache Anmietung des idyllischen Zimmers vorangetrieben hat.“[21]

21 Schmidt, S. 249–250.

4. REZEPTIONSGESCHICHTE

ZUSAMMEN-FASSUNG

Gleich nach seiner Veröffentlichung im Jahr 1949 avancierte *Nineteen Eighty-Four* zum **Bestseller**. Der Roman wurde übersetzt und weltweit rezipiert. In den Jahren 1983/1984 fand das Werk von George Orwell verständlicherweise erneut eine besondere Aufmerksamkeit: Der Roman wurde neu verfilmt und die Visionen und Warnungen breit diskutiert.

Orwell wehrt sich gegen Missverständnis

Nineteen Eighty-Four ist neben *Animal Farm* nicht nur das bekannteste, sondern auch das am **häufigsten diskutierte Werk George Orwells**. Im Anschluss an den Bestseller-Erfolg von *Animal Farm* in den Jahren 1945/46–1949 hatte *Nineteen Eighty-Four* nach seiner Veröffentlichung im Juni 1949 durch die Wahl für den *Book-of-the-month Club* im Juli 1949 als „one of the most influential books of our generation“[22] eine vergleichbare Wirkung auf die zeitgenössische Leserschaft.

Führende Intellektuelle der Zeit wie Russell und Schlesinger sagten voraus, dass Orwells Roman mit Sicherheit eines der am meisten diskutierten Bücher der nächsten Jahre sein würde. Andere Prominente verglichen Orwell mit Dostojewski, Wells, Huxley und anderen Koryphäen der **anti-utopischen Tradition**. Von 1949 bis 1952 erzielte der Roman als *Book-of-the-month Club*-Wahl Höchstauflagen von bis zu 190 000 Exemplaren und wurde im Jahre 1951 ein amerikanischer Taschenbuch-Bestseller[23]. Neben dem

---

22 Rodden, John: *The Politics of Literary Reputation. The Making and Claiming of 'St. George' Orwell.* New York, Oxford: Oxford University Press, 1989, S. 45.

23 Ebd.

einschlägigen Erfolg des Werkes wurde der Roman jedoch auch missverstanden.

So wurde *1984* besonders in den USA **fälschlicherweise als Anklage der British Labour Party interpretiert**, wogegen sich der Autor vehement zur Wehr gesetzt hat. Nach dem Tode Orwells im Jahre 1950 schrieb sein Freund **Tosco Fyvel über Orwells Reaktionen** auf die Kritik der letzten Monate und über die Bedeutung von Ingsoc:

> „Orwell believed in the old Liberal principles and the value of truth and ordinary decency. He was also firmly of the view that these principles demanded a democratic socialist structure of society. It is true that he was pessimistic about the extent to which these principles could prevail in most parts of the world. But I know that he was pleasantly surprised at the firmness with which the Labour Government here at home continued in office after mitigating the worst harshness of British society by means of the Health Service, the National Insurance Act, the nationalisation of the mines, the development of the depressed areas, and so on. All theses measures were steps in the direction Orwell desired (…). Even during his last weeks in hospital, Orwell was keenly interested in the coming election and the changes of his various friends among Labour M.P.s. He also said that one point in *1984* had been misunderstood by the critics. 'Ingsoc', the totalitarian society, was not represented as arising out of democratic socialism. On the contrary: his imaginary totalitarians who arose in England after an atomic war merely adopted the name of 'English Socialism' because they thought it had popular appeal – in the same way as the Nazis, while allying themselves in 1933 with the Ruhr industrialists and smashing the German

Szene aus der Verfilmung *1984*, GB 1955/1956
© Cinetext

trade unions and Socialist Party, called themselves 'National-Socialists' to dupe the German working class."[24]

1950–1960

Bis 1956 stieg Orwells Erfolg an auf Auflagen in Millionenhöhe, wurde als **Radiosendung** bearbeitet sowie in den Jahren 1953 (CBS-TV), 1954 (BBC-TV) und 1956 (Columbia Pictures) als **Filmversion** produziert.

Von vielen Schriftstellern wurde **Orwell als intellektueller Held** bezeichnet, so schrieb beispielsweise Kingsley Amis im Jahre 1956: „Any intellectuals who may submit to having a list of their heroes wrung from them (...) are likely to put him in the first two or three whatever their age (within reason), whatever their other preferences, and, – more oddly at first sight – whatever their political affiliations, if any."[25]

In den Folgejahren bis 1967 erlahmte die öffentliche Begeisterung für den Roman, dennoch wurde **Anfang der sechziger Jahre** *Nineteen Eighty-Four* (ebenso wie *Animal Farm*) als **Bühnenstück** produziert.

Neuer Hype 1983/1984: Orwellmania

Während den Jahren **1983** und **1984** erlebte *Nineteen Eighty-Four* seinen „**countdown**", da in Anbetracht des herannahenden Jahres 1984 das mediale Interesse an Orwells Werk und Leben schlagartig anstieg und zu einer Art „**Orwellmania**" führte. So erreichte *Nineteen Eighty-Four* Auflagen von bis zu **vier Millionen Exemplaren** und wurde **neu verfilmt**. Orwells Leben wurde als Bühnenstück inszeniert sowie in zahlreichen Fernsehsendungen, Zeitschriften und Zeitungen dokumentiert. Auch **Politiker** äußerten sich zu Orwells „warning", darunter z. B. **Margaret Thatcher**, Neil Kinnock, Walter Mondale und Jesse Jackson[26]. Ab dem Jahre 1985 sank die öffentli-

24 Davison, S. 499–501.
25 Rodden, S. 46/47.
26 Ebd., S. 49.

che Begeisterung und die Präsenz Orwells samt seines Schreckenstaates von *Nineteen Eighty-Four* in den Massenmedien.

Rezeption in Deutschland

In Deutschland hatte die Rezeption des Romans ihren eigenen *1984-countdown*. Übersetzt erreichte *Nineteen Eighty-Four* auch in Deutschland eine Auflage in Millionenhöhe und die Popularität des Werkes fand – wie in den USA und in England – auch in Produktionen von **Fernseh-Specials** und **Bühneninszenierungen**, dem **Konsum von Massenartikeln** wie „*1984*-Kalendaren" und der Verwendung der Dystopie zu **politischen Propagandazwecken** ihren Niederschlag. Zwischen 1982 und 1984 befand sich *Nineteen Eighty-Four* auf der Bestseller-Liste der Zeitschrift *Der Spiegel*, welche auch in einer Januarausgabe des Jahres 1983 eine 20 Seiten füllende Reportage mit dem Titel *Der Orwell Staat* publizierte[27]. Als Fernsehkritiker „Momos" kommentierte **Walter Jens** in zwei Orwell-Sendungen aus den Jahren 1983 und 1984 im Deutschen Fernsehen:

> „Nach dem Luther- nun das Orwell-Jahr. Nach dem Reformator der Kirche, den der Gedanke verfolgte, Gottes Gericht werde noch zu seinen Lebzeiten die Erde vernichten und mit ihr die Menschen (...), nun, ein Jahr später, der unbotmäßige Sozialist, der kurz vor seinem Tod die Herrschaft des Antichrist anbrechen sah – die Tyrannei des Großen Bruders. Erst das Geburtstagsfest eines Mannes, dessen vertrautester Gesprächspartner der Teufel war (...), jetzt das Geburtstagsfest eines prophezeiten (...) Ereignisses. Wir schreiben 1984, und Eric Blair alias George Orwell (...) ist zum Mann des Jahres geworden, ein skurriler Einfall, ein Zahlenspiel zum allumfassenden Begriff, ein Buch zum Werk des Jahrhunderts und die Leser dieses Buches zu Unbelehrbaren (...). Big Brother is watching you (...) und das Fernsehen immer

---

27 Ebd., S. 297–298.

dabei – Orwell auf allen Kanälen! Orwell gelesen und interpretiert. Orwell auf Jura und Orwell im Wettstreit mit Agatha Christie, Orwell um Mitternacht und Orwell am Morgen, Orwell hier, Orwell dort (...) und dann prompt wieder vergessen, abgehakt und abgetan."[28]

George Orwell als Mann des Jahres 1984

Neben Kommentaren von Heinrich Böll, Adolf Muschg oder Gyorgy Konrad fand *Nineteen Eighty-Four* besondere Beachtung bei **Günter Grass**, der zwei Reden aus dem Jahre **1980** und **1983** mit *Orwells Jahrzehnt* betitelte und auch in anderen Schriften das Thema *1984* behandelte[29].

Aktualität im 21. Jahrhundert

Nach wie vor besitzt Orwells *1984* enorme Aktualität und internationale Wirkungsmächtigkeit. So hat beispielsweise das QPAC Cremorne Theatre in Brisbane im August 2012 eine Inszenierung des politischen Romans aufgeführt.[30] In London kam es Anfang September 2012 zu Aufsehen bei der BBC – Orwells einstigem Arbeitgeber. Hier wurde darüber diskutiert, ob seine Büste im Rundfunkhaus aufgestellt werden sollte, wobei man die aktuelle politische Interessenlage des Senders bzw. einiger Vertreter zu erkennen glaubte:[31] Orwell erschien dort einigen als politisch zu weit „links". Es bleibt weiterhin spannend mit George Orwell und seinem Roman *1984*.

---

28 Momos, Der nächste Herr, bitte. In: Orwell Jura, ZDF 29. 12. 1983 und Guten Abend, Großer Bruder, ARD 1. 1. 1984. Zitiert nach: Wiehn, (Hg.), S. 13–15.

29 Rodden, S. 302.

30 Vgl. http://www.qpac.com.au/event/1984_12.aspx

31 Vgl. http://www.welt.de/kultur/literarischewelt/article108924976/BBC-sagt-George-Orwell-den-Kampf-an.html

5. MATERIALIEN

Coming up for Air – Krieg ist in der Luft

Der folgende Auszug aus *Coming up for Air* (1939) ist ein weiteres Beispiel für George Orwells reflektiertes Schreiben am Puls der Zeit. Aus der Sicht des Protagonisten „liegt" ein weiterer Krieg „in der Luft" – die Schilderung dieser Wahrnehmung gleicht der von Winston Smith in *Nineteen Eighty-Four* (1949).

Krieg liegt in der Luft

„War is coming. 1941, they say. And there'll be plenty of broken crockery, and little houses ripped open like packing-cases, and the guts of the chartered accountant's clerk plastered over the piano that he's buying on the never-never. But what does that kind of thing matter, anyway? I'll tell you what my stay in Lower Binfield had taught me, and it was this. It's all going to happen. All the things you've got at the back of your mind, the things you're terrified of, the things that you tell yourself are just a nightmare or only happen in foreign countries. The bombs, the food-queues, the rubber truncheons, the barbed wire, the coloured shirts, the slogans, the enormous faces, the machine-guns squirting out of bedroom windows. It's all going to happen. I know it – at any rate, I knew it then. There's no escape. Fight against it if you like, or look the other way and pretend not to notice, or grab your spanner and rush out to do a bit of face-smashing along with the others. But there's no way out. It's just something that's got to happen."[32]

---

32 George Orwell: *Coming up for Air*. Harmondsworth: Penguin, 1971, S. 223–224.

Animal Farm und die Diktatur

Pervertierte Machtverhältnisse

In Orwells berühmter Satire *Animal Farm* (1945) nutzen die Tiere die Gunst einer Stunde und stürzen das „Regime" ihres Farmers mit dem Ziel eines freien, nahezu himmlischen Tierreichs, in dem der Tyrann Mensch keine Macht mehr über die Tiere hat. Gezielt legt Orwell hier den sprechenden Tieren die Sprache der heroischen, naiv-enthusiastischen und rhetorisch wortgewandten Rebellen in den Mund samt deutlicher Zeichen und Anklänge der darin immanenten Anzeichen einer automatischen Entartung des „Volksbestrebens" hin zur Verkehrung – nicht zur Abschaffung – von diktatorisch herrschenden Machtverhältnissen. Major, das Schwein, welches sich zum Anführer der Aufständler aufgeschwungen hat, begeistert seine „Genossen" mit aufrührerischer Rede und Gruppengesang, ein Moment, der an die ekstatischen Momente beispielsweise der „Two-Minutes-Hate"-Einheiten in *Nineteen Eighty-Four* erinnert und sich als Paralleltext zur Vertiefung eignet.

"Major continued:

'I have little more to say. I merely repeat, remember always your duty of enmity towards Man and all his ways. Whatever goes upon two legs, is an enemy. Whatever goes upon four legs, or has wings, is a friend. And remember also that in fighting against Man, we must not come to resemble him. Even when you have conquered him, do not adopt his vices. No animal must ever live in a house, or sleep in a bed, or wear clothes, or drink alcohol, or smoke tobacco, or touch money, or engage in trade. All the habits of Man are evil. And, above all, no animal must ever tyrannize over his own kind. Weak or strong, clever or simple, we are all brothers. No animal must ever kill any other animal. All animals are equal.

'And now, comrades, I will tell you about my dream of last night. I cannot describe that dream to you. It was a dream of the earth as it will be when Man has vanished. But it reminded me of something that I had long forgotten. Many years ago, when I was a little pig, my mother and the other sows used to sing an old song of which they knew only the tune and the three first words. I had known that tune in my infancy, but it had long since passed out of my mind. Last night, however, it came back to me in my dream. And what is more, the words of the song also came back – words, I am certain, which were sung by the animals of long ago and have been lost to memory for generations. I will sing you that song now, comrades. I am old and my voice is hoarse, but when I have taught you the tune, you can sing it better for yourselves. It is called "Beasts of England".'

Old Major cleared his throat and began to sing. As he had said, his voice was hoarse, but he sang well enough, and it was a stirring tune, something between 'Clementine' and 'La Cucuracha'. The words ran:

Beasts of England, beasts of Ireland,
Beasts of every land and clime,
Hearken to my joyful tidings
Of the golden future time.

Soon or late the day is coming,
Tyrant Man shall be o'erthrown,
And the fruitful fields of England
Shall be trod by beasts alone.

Rings shall vanish from our noses,
And the harness from our back,

Bit and spur shall rust forever,
Cruel whips no more shall crack.

Riches more than mind can picture,
Wheat and barley, oats and hay,
Clover, beans, and mangel-wurzels
Shall be ours upon that day.

Bright will shine the fields of England,
Purer shall its waters be,
Sweeter yet shall blow its breezes
On the day that sets us free.

For that day we all must labour,
Though we die before it break;
Cows and horses, geese and turkeys,
All must toil for freedom's sake.

Beasts of England, beasts of Ireland,
Beasts of every land and clime,
Hearken well and spread my tidings
Of the golden future time.

The singing of this song threw the animals into the wildest excitement. Almost before Major had reached the end, they had begun singing it for themselves. Even the stupidest of them had already picked up the tune and a few of the words, and as for the clever ones, such as the pigs and dogs, they had the entire song by heart within a few minutes. And then, after a few preliminary tries, the whole farm burst out into 'Beasts of England' in tremendous unison. The cows lowed it, the dogs whined it, the sheep bleated it, the horses whinnied it, the ducks quacked it. They were so delighted with the song that they sang it right through five times in succession, and might have continued singing it all night if they had not been interrupted."[33]

33 George Orwell: *Animal Farm*. Harmondsworth: Penguin, 1966, S. 11–14.

6. PRÜFUNGSAUFGABEN MIT MUSTERLÖSUNGEN

Unter www.königserläuterungen.de/download finden Sie im Internet zwei weitere Aufgaben mit Musterlösungen.

Die Zahl der Sternchen bezeichnet das Anforderungsniveau der jeweiligen Aufgabe.

Task 1 **

Analyse how the world of *1984* is presented in the first chapter of the novel. Refer to important elements of the system established by the Ingsoc party.

Model answer:

Dark and dusty atmosphere

Right from the beginning of the novel, the dark and dusty atmosphere of the world of *1984* is depicted in detail. The face of Big Brother, which appears almost like a mask, watches people and places everywhere, continually. The reader looks at this world from the protagonist's point of view. Winston suffers from his varicose ulcer and appears as broken down as the streets, houses and people around him on his daily routine of returning home from work. As usual, hate week is prepared and Big Brother controls people from within supported by telescreens and hidden microphones. There is no escape to some kind of a private life because screens and spies are watching people everywhere and all the time.

The two minutes hate, which is a daily rite to manipulate the people, is explained at length. Winston has to take part in it, too. He, as well as the other members of the party in their homes, is gathering in front of the telescreen and set into a state of uncontrolled hate. These stirred-up emotions are specifically directed towards the suggested object of hate which is the system's most wanted enemy called Emmanuel Goldstein, an underground rebellious constructed by the system itself. Winston, the outsider who is struggling to escape from the system's permanent surveillance, commits thoughtcrime in thinking critically. What is even worse is the crime of secretly writing a diary which he hides in a supposedly uncontrolled corner in his flat.

Historical background

Thus, the first chapter of the novel includes many allusions to the historical background of the time which the reader recognizes at once. The reader is caught both on the level of the plot and its world in Oceania as well as on the level of historical allusions.

Task 2 **

Analyse the function of Winston's dreams (cf. e.g. part I, chapters 3, 7).

Model answer:

Winston's dreams are a contrast to his outward appearance since he is not allowed to have any private emotions or thoughts. Dreams bring up hidden parts of his subconsciousness and point to the obvious eradication of the soul everywhere around. There is no individuality anymore, human bonds and emotions are destroyed by the state manipulation machinery and finally transferred into blind loyalty to the state. The character of Winston has not been converted yet, he is trying to resist and thus serves as a model for the reader. Bit by bit, the reader is shown his way from resistance to his final defeat and to the eradication of the last fragments of his soul.

Dreams: positive emotions

The dream of the golden country, for example, includes memory fragments of his past when he had a family once. It is blended with elements of a fantastical landscape of symbolic value. The golden country is not depicted in great detail, but it stirs up positive emotions in Winston as well as hidden memories from his past with a glimpse of hope. To Winston, similarly, the highly symbolic 'place where there is no darkness' is both a very crucial message by O'Brien, which he cannot grasp completely, and an element of hope transferred in a dream (chap. 2).

Winston can only dream of his approaching death

At the ending of the novel, when Winston is presented as finally defeated and destroyed, it is shown to the reader how he decides deliberately to consider these memories wrong. He is perfectly conditioned and can only dream of his approaching death. Now, he loves Big Brother which destroys the final bits of hope for Winston and for the reader.

Task 3 **

Describe how the character of Syme is presented. Include information on the principles of Newspeak.

Model answer:

Caricature of scientists

Syme is a linguist working for the same Ministry of Truth as Winston. He is responsible for the development of the new form of speech and thought which is called Newspeak. Syme is a caricature of the kind of scientists who do not properly reflect on the consequences of their inventions. By means of the satire he – and with him the system – is ridiculed.

Winston meets Syme at lunch in the canteen of the Ministry where Syme is enthusiastically going on about the amazing inventions and prospects of Newspeak. Through the eyes of Winston, the reader recognizes the absurdity of both the presented strategies and Syme. His enthusiasm is exaggerated to a great extent which is dramatically ironic. Syme talks excitedly about the eradication of hundreds of words to the effect of reducing language to mere necessities. It becomes clear that this is nothing more than the eradication of thought in order to control people's minds. If there is no speech for a rebellious idea, there won't be any rebellious ideas anymore. No speech, no thought and thus no thoughtcrime. To Winston and to the reader, this appears to be one of the strategies used to annihilate everything that is specifically human for the sake of totalitarian control.

Dramatic irony

Syme, who has taken part in the development of this, is shown as too passionate about it, which the reader notices through Winston's eyes. Syme may be able to reflect on parts of the effects of Newspeak: "The whole climate of thought will be different. In fact, there will be no thought, as we understand it now. Orthodoxy means not thinking – not needing to think. Orthodoxy is unconsciousness." (chap. 5, p. 56) Nevertheless, it is this kind of reflecting on consequences which he is about to wipe out by Newspeak and which he himself is actually not allowed to proceed with any longer. He himself commits some kind of thoughtcrime by thinking in these terms and thus he is in danger himself. Tragically and in contrast to Winston and the reader, Syme is not aware of this, which is dramatic irony. Thus, it is surprising but also logical that Winston meets Syme again at the ending of the novel when both are imprisoned in the dark torture chambers of the Ministry of Love.

Task 4 **

Explain why Newspeak and the principle of doublethink are necessary for the establishment of the system of Oceania. Refer to relevant episodes of the novel (e.g. pp. 223, The Appendix).

Model answer:

Newspeak

Newspeak and doublethink are fundamental elements of the Oceanian ideology because they are measures to create the final annihilation of thought. Both include satirical elements which refer to historical phenomena of the time and serve as examples of how far, for instance, totalitarianism can actually go. The 'new language' has only three categories left after an extensive process of cutting down: There are every day words, for example verbs to denote basic activities like eating or sleeping. Secondly, there are very simplified components for political purposes like 'ungood' or 'doubleplusgood' or new words ('Ministry of Truth', 'goodthink') and finally, technical or scientific words that remain necessary and are in accordance with the ideology ('vaporisation'). Thus, there is no chance to even think about resistance to the system anymore, just as the party's slogan says: "Ignorance is strength" (p. 6).

Doublethink

Doublethink works similarly; it undermines any logics since people do know and at the same time do not know about the truth of what they are confronted with. They are convinced of the authentic truth of something while they actually convey a lie. Thus, the Ministry of Peace is in fact responsible for warfare, the Ministry of Love deals with torture and the Ministry of Truth converts history and truth according to the party's demands.

LITERATUR

Zitierte Ausgabe:

Orwell, George: *1984*. London: Penguin Books, 2008.

Primärliteratur:

Orwell, George: *1984*. Herausgegeben von Herbert W. Franke und übersetzt von Michael Walter. München: Ullstein, 31. Auflage 2007.

Orwell, Sonja und Angus Ian (Hg.): *The Collected Essays, Journalism and Letters of George Orwell*. Volume I–IV. London: Secker & Warburg, 1968. → In den Fußnoten abgekürzt zu CEJL.

Sekundärliteratur:

Atkins, John: *George Orwell*. London: John Calder, 1954.

Borinski, Ludwig: *Meister des modernen englischen Romans*. Heidelberg: Quelle & Meyer, 1963.

Büthe, Lutz: *Auf den Spuren George Orwells*. Eine soziale Biografie. Hamburg: Junius, 1984.

Davison, Peter (Hg.): *Orwell and Politics*. London: Penguin Books, 2001.

Erzgräber, Willi (Hg.): *Englische Literatur von Oscar Wilde bis Samuel Beckett*. Interpretationen Band IX. Frankfurt am Main: Fischer, 1970.

Fowler, Roger: *The Language of George Orwell*. London: Macmillan Press LTD, 1995.

Gnüg, Hiltrud: *Utopie und utopischer Roman*. Stuttgart: Philipp Reclam jun., 1999. → Ein chronologischer Einstieg in die literarische Gattung des utopischen Romans aus der Reihe Literaturstudium.

Heuermann, Hartmut und Lange, Bernd-Peter (Hg.): *Die Utopie in der angloamerikanischen Literatur*. Interpretationen. Düsseldorf: Schwann-Bagel, 1984.

Howald, Stefan: *George Orwell*. Reinbek bei Hamburg: Rowohlt, 1997. → Bietet einen übersichtlichen Einstieg in das Leben und Werk Orwells.

Mendelsohn, Everett (Hg.): *Nineteen Eighty-Four: Science Between Utopia and Dystopia*. Springer: 2009. (Sociology of the Sciences; Yearbook 1984, V. 8)

Rodden, John: *The Politics of Literary Reputation. The Making and Claiming of 'St. George' Orwell*. New York, Oxford: Oxford University Press, 1989. → Bietet u. a. eine umfassende Rezeptionsgeschichte des Werkes.

Schemman, Michael: *Imperialismus im Werk George Orwells*. Frankfurt am Main: Peter Lang, 1999.

Schröder, Hans-Christoph: *George Orwell*. Eine intellektuelle Biografie. München: C. H. Beck, 1988. → Eine umfassende Biografie des Schriftstellers in seiner Zeit, wobei insbesondere zeitgeschichtliche Aspekte hervorgehoben werden.

Wiehn, Erhard R. (Hg.): *1984 und danach*. Utopie, Realität, Perspektiven. Konstanz: Universitätsverlag, 1984.

Schülerhilfen:

Hermes, Rüdiger: *George Orwell, Nineteen Eighty-Four*. München: Mentor, 2000. (Reihe Mentor Lektüre-Durchblick Band 427) → Ein Einstieg in die Romaninterpretation und englisches Vokabular, ist jedoch nicht umfassend.

Reed, Kit: *Lektürehilfen George Orwell „1984"*. Stuttgart: Ernst Klett, 2000. → Bietet einen textbezogenen Einstieg in das Gesamtwerk Orwells.

Welch, Robert: *George Orwell, Nineteen Eighty-Four*. London: Longman, 1999. (Reihe York Notes) → Ausführliche englische Interpretation des Textes und weist auf Aspekte zur Vertiefung hin.

Internet-Adressen:

(Stand: Dez. 2012)

http://www.george-orwell.org
→ Website mit Online-Texten des Werkes von George Orwell, Biografie und Zitaten.

http://www.netcharles.com/orwell/
→ Umfassende Website mit Aufsätzen, Kritiken und vielen Links zu George-Orwell-Websites bezogen auf einzelne Werke des Autors.

http://www.freidok.uni-freiburg.de/volltexte/4604/pdf/Dittmann_Sprachlenkung_und_Denkverbot.pdf
→ Online-Aufsatz über das Thema „Sprachlenkung und Denkverbot".

Verfilmungen

Nineteen Eighty-Four (1984). Großbritannien 1954.
Verfilmung für das Fernsehen. Regie: Rudolph Cartier.

Nineteen Eighty-Four (1984). Großbritannien 1956.
Regie: Michael Anderson.

Nineteen Eighty-Four (1984). Großbritannien 1984.
Virgin Productions. Regie: Michael Radford.
Mit John Hurt, Richard Burton, Suzanna Hamilton.

George Orwell: A Life in Pictures. Großbritannien, BBC 2003.
Regie: Chris Durlacher. TV-Dokumentation (95 Minuten), ausgezeichnet mit dem Emmy Award 2004.

STICHWORTVERZEICHNIS